Chinese Classical Literary Masterwork

Strange Creatures from the Guideways Through Mountains and Seas

Unknown

Published in the United States of America by Metro Fifth Avenue Press, LLC, P.O. Box 745, New York, NY 10163-0745

Originally published in America by Metro Fifth Avenue Press, LLC ,2014

All rights reserved. No part of this publication may be reproduced or transmitted in any form or by any means without the prior written permission of the publisher (Metro Fifth Avenue Press, LLC, P.O. Box 745, New York, NY 10163-0745, USA) except for brief excerpts in connection with reviews or scholarly analysis.

Strange Creatures from the Guideways Through Mountains and Seas

ISBN 978-1-626090-96-5

Printed in the United States of America

山海经

内容简介

《山海经》传世版本18卷（18篇）。作者不详，现代学者均认为显然并非成书于一时，也不是一个作者写的。山海经内容主要是民间传说中的地理知识，包括山川、道里、民族、物产、药物、祭祀、巫医等。保存了包括夸父逐日、女娲补天、精卫填海、大禹治水等相关内容在内的不少脍炙人口的远古神话传说和寓言故事。对古代历史、地理、文化、中外交通、民俗、神话等的研究，均有参考价值。其中的矿物记录，是世界上最早的有关文献。

南山经

南山经之首曰䧿山。其首曰招摇之山,临于西海之上,多桂,多金玉。有草焉,其状如韭而青华,其名曰祝余,食之不饥。有木焉,其状如谷而黑理,其华四照,其名曰迷谷,佩之不迷。有兽焉,其状如禺而白耳,伏行人走,其名曰(犭生)(犭生),食之善走。丽(上鹿下旨)之水出焉,而西流注于海,其中多育沛,佩之无瘕疾。

又东三百里,曰堂庭之山,多(木炎)木,多白猿,多水玉,多黄金。

又东三百八十里,曰(犭爰)翼之山,其中多怪兽,水多怪鱼,多白玉,多蝮虫,多怪蛇,多怪木,不可以上!

又东三百七十里,曰杻阳之山,其阳多赤金,其阴多白金。又兽焉,其状如马而白首,其文如虎,而赤尾,其音如谣,其名曰鹿蜀,佩之宜子孙。怪水出焉,而东流注于宪翼之水。其中多玄龟,其状如龟而鸟首虺尾,其名曰旋龟,其音如判木,佩之不聋,可以为底。

又东三百里柢山,多水,无草木。有鱼焉,其状如牛,陵居,蛇尾有翼,其羽在(鱼去)下,其音如留牛,其名曰鯥,冬死而复生,食之无肿疾。

又东四百里,曰擅爰之山,多水,无草木,不可以上。有兽焉，其状如狸而有髦，其名曰类，自为牝牡，食者不妒。

又东三百里，曰基山，其阳多玉，其阴多怪木。有兽焉，其状如羊，九尾四耳，其目在背，其名曰（左犭右上甫右下寸）（讠也），佩之不畏。有鸟焉，其状如鸡而三首、六目、六足、三翼，其名曰（尚鸟）（付鸟），食之无卧。

又东三百里，曰青丘之山，其阳多玉，其阴多青（左丹右上佳右下又）。有兽焉，其状如狐而九尾，其音如婴儿，能食人，食者不蛊。有鸟焉，其状如鸠，其音若呵，名曰灌灌，佩之不惑。英水出焉，南海注于即翼之泽。其中多赤（鱼需），其状如鱼而人面，其音如鸳鸯，食之不疥。

又东三百五十里，曰箕尾之山，其尾（骏去马换足）于东海，多沙石。（氵方）水出焉，而南流注于（氵育），其中多白玉。

凡䧿山之首，自招摇之出，以至箕尾之山，丸十山，二千九百五十里。其神状皆鸟身而龙首。其祠之礼；毛用一璋玉瘗，糈用（禾余）米，一壁稻米，白菅为席。

南次二经之首，曰柜山，西临流黄，北望诸（囚比），东望长右。英水出焉，西南流注于赤水，其中多白玉，多丹粟。有兽焉，其状如豚，有距，其音如狗吠，其名曰狸力，见则其县多土功。有鸟焉，其状如鸱而人手，其音如痹，其名曰（朱鸟），其名自号也，见则其县多放土。

东南四百五十里，曰长右之山，无草木，多水。有兽焉，其状如禺而四耳，其名长右，其音如吟，见则郡县大水。

又东三百四十里，曰尧光之山，其阳多玉，其阴多金。有兽焉，其状如人而彘鬣，穴居而冬蛰，其名曰猾㚇，其音如斫木，见则县有大繇。

又东三百五百里，曰羽山，其下多水，其上多雨，无草木，多蝮虫。

又东三百七十里。曰瞿父之山，无草木，多金玉。

又东四百里，曰句余之山，无草木，多金玉。

又东五百里，曰浮玉之山，北望具区东望诸（卤比）。有兽焉，其状如虎而牛尾，其音如吠犬，其名曰彘，是食人。苕水出于其阴，北流注于具区。其中多（上此下鱼）鱼。

又东五百里，曰成山，四方而三坛，其上多金玉，其下多青（左丹右上隹右下又）。（外门内豕）水出焉，而南流注于（上虎头下乎）勺，其中多黄金。

又东五百里，曰会稽之山，四方，其上多金玉，其下多（石夫）石。勺水出焉，而南流注于溴。

又东五百里，曰夷山。无草木，多沙石。溴水出焉，而南注于列涂。

又东五百里，曰仆勾之山，其上多金玉，其下多草木，无鸟兽，无水。

又东五百里，曰咸阴之山，无草木，无水。

又东四百里，曰洵山，其阳多金，其阴多玉。有兽焉，其状如羊而无口，不可杀也，其名曰（羊患）。洵水出焉，而南流注于阏之泽，其中多茈蠃。

又东四百里，曰（上虎头下乎）勺之山，其上多梓（木丹），其下多荆杞。滂水出焉，而东流注于海。

又东五百里，曰区吴之山，无草木，多沙石。鹿水出焉，而南流注于滂水。

又东五百里，曰鹿吴之山，上无草木，多金石。泽更之水出焉，而南流注于滂水。水有兽焉，名曰蛊雕，其状如雕而有角，其音如婴儿之音，是食人。

东五百里，曰漆吴之山，无草木，多博石，无玉。处于东海，望丘山，其光载出开车入，是惟日次。

凡南次二经之首，自柜山于漆吴之山，凡十七山，七千二百里。其神状皆龙身而鸟首。其祠：毛用一璧瘗，糈用（禾余）。

南次三经之首，曰天下虞之山，其下多水，不可以上。

东五百里，曰祷过之山，其上多金玉，其下多犀、兕，多象。有鸟焉，其状如（交鸟）而白首，三足、人面，其名曰瞿如，其鸣自号也。浪水出焉，而南流注于海。其中有虎蛟，其状鱼身而蛇尾，其音如鸳鸯，食者不肿，可以已痔。

又东五百里，曰丹穴之山，其上多金玉。丹水出焉，而南流注于渤海。有鸟焉，其状如鸡，五采而文，名曰凤凰，首文曰德，翼文曰义，背文曰礼，膺文曰仁，腹文曰信。是鸟也，饮食自然，自歌自舞，见则天下安宁。

又东五百里，曰发爽之山，无草木，多水，多白猿。汎水出焉，而南流注于渤海。

又东四百里，至于旄山之尾。其南有谷，曰育遗，多怪鸟，凯风自是出。

又东四百里，至于非出山之首，其上多金玉，无水，其下多蝮虫。

又东五百里，曰阳夹之山，无草木，多水。

又东五百里，曰灌湘之山，上多木，无草；多怪鸟，无兽。

又东五百里，曰鸡山，其上多金，其下多丹（左丹右上隹右下又）。黑水山焉，而南流注于海。其中有鲭鱼，其状如鲋而彘毛，其音如豚，见则天下大旱。

又东四百里，曰令丘之山，无草木，多火。其南有谷焉，曰中谷，条风自是出。有鸟焉，其状职枭，人而四目而有耳，其名曰（禺页），其鸣自号也，见则天下大旱。

又东三百七十里，曰仑者之山，其上多金玉，其下多青（在丹右上隹右下又）。有木焉，其状如谷而赤理，其汁如漆，其味如饴，食者不饥，可以释劳，其名曰白（上廿下咎），可以血玉。

又东五百八十里，曰禺稿之山，多怪兽，多大蛇。

又东五百八十里，曰南禺之山，有上多金玉，其下多水。有穴焉，水出辄入，夏乃出，冬则闭。佐水出焉，而东南流注于海，有凤凰、（宛鸟）雏。

凡南次三经之首，自天虞之山以至南禺之山，凡一十四山，六千五百三十里。其神皆龙身而人面。其祠皆一白狗祈，糈用（禾余）。

右南经之山志，大小凡四十山，万六千三百八十里。

西山经

西山经华山之首,曰钱来之山,其上多松,其下多洗石。有兽焉,其状如羊而马尾,名曰(羊咸)羊,其脂可以已腊。

西四十五里,曰松果之山。口水出焉,北流注于渭,其中多铜。有鸟焉,其名曰(虫鸟)渠其状如山鸡,黑身赤足,可以已(月暴)。

又西六十里,曰太华之山,削成而四方,其高五千仞,其广十里,鸟兽莫居。有蛇焉,名曰肥口,六足四翼,见则天下大旱。

又西八十里,曰小华之山,其木多荆杞,其兽多(牛乍)牛,其阴多磬石,其阳多(王雩)(王孚)之玉。鸟多赤(上敝下鸟),可以御火。其草有萆荔,状如乌韭,而生于石上,赤缘木而生,食之已心痛。

又西八十里,曰符禺之山,其阳多铜,其阴多铁。其上有木焉,名曰文茎,其实如枣,可以已聋。其草多条,其状如葵,而赤华黄实,如婴儿舌,食之使人不惑。符禺之水出焉,而北流注于渭。其兽多葱聋,其状如羊而赤鬣。其鸟多(民鸟),其状如翠而赤喙,可以御火。

又西六十里,曰石脆之山,其木多棕(木丹),其草多条,其状如韭,而白华黑实,食之已疥。其阳多(王雩)(王孚)之玉,其阴多铜。灌水出焉,而北流注于禺水。其中有流赭,以涂牛马无病。

又西七十里，曰英山，其上多杻口，其阴多铁，其阳多赤金。禺水出焉，北流注于招水，其中多（鱼丰）鱼，其状如鳖，其音如羊。其阳多箭（上竹下媚），兽多（牛乍）牛、（羊咸）羊。有鸟焉，其状如鹑，黄身而赤喙，其名曰肥遗，食之已疠，可以杀虫。

又西五十二里，曰竹山，其上多乔木，其阴多铁。有草焉，其名曰黄口，其状如樗，其叶如麻，白华而赤实，其状如赭，浴之已疥，又可以已（月付）。竹水出焉，北流注于渭，其阳多竹箭，多苍玉。丹水出焉，东南流注于洛水，其中多水玉，多人鱼。有兽下，其状如豚而白毛，大如（上竹左下干右下干）而黑端，名曰豪彘。

又西百二十里，曰浮山，多盼木，枳叶而无伤，木虫居之。有草焉，名曰薰草，麻叶而方茎，赤华而黑实，臭如蘼芜，佩之可以已疠。

又西七十里，曰口次之山，漆水出焉，北流注于渭。其上多（木或）口，其下多竹箭，其阴多赤铜，其阳多婴垣之玉。有兽焉，其状如禺而长臂，善投，其名曰嚣。有鸟焉，其状如枭，人面而一足，曰橐（上非下巴），冬见夏蛰，服之不畏雷。

又西百五十里，曰时山，无草木。逐水出焉，北海注于渭，其中多水玉。

又西百七十里，曰南山，上多丹粟。丹水出焉，北流注于渭。兽多猛豹，鸟多尸鸠。

又西四百八里，曰大时之山，上多楮柞，下多杻口，阴多银，阳多白玉。浊水出焉，北流注于渭。清水出焉，南流注于汉水。

又西三百二十里，曰（山番）冢之山，汉水出焉，而东南流注于沔；嚣水出焉，北流注于汤水。其上多桃枝（钅句）端，兽多犀兕熊罴，鸟多白翰赤（上敝下鸟）。有草焉，其叶如蕙，其本如桔梗，黑华而不实，名曰（上艹下骨）蓉。食之使人无子。

又西三百五十里，曰天帝之山，多棕（木丹）；下多菅蕙。有兽焉，其状如狗，名曰溪边，席其皮者不蛊。有鸟焉，其状如鹑，黑文而赤翁，名曰栎，食之已痔。有草焉，其状如共葵，共其臭如蘼芜，名曰杜衡，可以走马，食之已瘿。

西南三百八十里，曰（上自下半）涂之山，蔷水出焉，西流注于诸资之水；涂水出焉，南流注于集获之水。其阳多丹粟，其阴多银、黄金，其上多桂木。有白石焉，其名曰口，可以毒鼠。有草焉，其状如稿茇，其叶如葵赤背，名曰无条，可以毒鼠。有兽焉，其状如鹿而白尾，马足人手而四角，名曰（犭婴）如。有鸟焉，其状如鸱而人足，名曰数斯，食之已瘿。

又西百八十里，曰黄山，无草木，多竹箭。盼水出焉，西流注于赤水，其中多玉。有兽焉，其状如牛，而苍黑大目，其状曰（上敏下牛）。有鸟焉，其状如（号鸟），青羽赤喙，人舌能言，名曰鹦䴗。

又西二百里，曰翠山，其上多棕（木丹），其下多竹箭，其阳多黄金、玉，其多（左三田右鸟），其状如鹊，赤黑而两四足，可以御火。

又西二百五十里，曰（马鬼）山，是（钅享）于西海，无草木，多玉。（氵妻）水出焉，西流注于海，其中多采石、黄金，多丹粟。

凡西经之首，自钱来之山至于（马鬼）山，凡十九山，二千九百五十七里。华山冢也，其祠之礼：太牢。囗山神也，祠之用烛，斋百日以百牺，瘗用百瑜，汤其酒百樽，婴以百（王圭）百壁。其余十七山之属，皆毛（牛全）用一羊祠之。烛者，百草之未灰，白（下廿下席）采等纯之。

西次二经之首，曰钤山，其上多铜，其下多玉，其木多杻囗。

西二百里，曰泰冒之山，其阳多玉，其阴多铁。浴水出焉，东流注于河，其中多藻玉，多白蛇。

又西一百七十里，曰数历之山，其上多黄金，其下多银，其木多黄金，其下多银，其木多杻囗，其鸟多鹦鹉。楚水出焉，而南流注于渭，其中多白珠。

又西百五十里高山，其上多银，其下多青碧、雄黄，其木多棕，其草多竹。泾水出焉，而东流注于渭，其中多磬石、青碧。

西南三百里，曰女床之山，其阳多赤铜，其阴多石涅，其兽多虎豹犀兕。有鸟焉，其状如翟而五采文，名曰鸾鸟，见则天下安宁。

又西二百里，曰龙首之山，其阳多黄金，其阳多铁。苕水出焉，东海流注于泾水，其中多美玉。

又西二百里，曰鹿台之山，其上多白玉，其下多银，其兽多（牛乍）牛、（羊咸）羊、白豪。有鸟焉，其状如雄鸡自叫也，见则有兵。

西南二里，曰鸟危之山，其阳多馨石，其阴多檀楮，其中多女床。鸟危之水出焉，西流注于赤水，其中多丹粟。

又西四百里，曰小次之山，其上多白玉，其下多赤铜。有兽焉其状如猿，而白首赤足，名曰朱厌，见则大兵。

又西三百里，曰大次之山，其阳多垩，其阴多碧，其兽多（牛乍）羊、（下鹿中雨下三口）羊。

又西四百里，曰薰吴之山，无草木，多金玉。

又西四百里，曰口阳之山，其木多稷、（木丹）、豫章，其兽多犀、兕、虎、（犭勺）、（牛乍）牛。

又西二百五十里，曰众兽之山，其上多（王雩）（王孚）之玉，其下多檀楮，多黄金，其兽多犀兕。

又西五百里，曰皇人之山，其上多金玉，其下多青雄黄。皇水出焉，西流注于赤水，其中多丹粟。

又西三百里，曰中皇之山，其上多黄金，其下多蕙、棠。

又西三百五十里，曰西皇之山，其阳多黄金，其阴多铁，其兽多麋、鹿、（牛乍）牛。

又西三百里五十里，曰莱山，其木多檀楮，其鸟多罗罗，是食人。

11

凡西次二经之首，自钤山至于莱山，凡十七山，四千一百四十里。其十神者，皆人面而马身。其七神皆人面而牛身，四足而一臂，操杖以行，是为飞兽之神。其祠之，毛用少牢，白菅为席。其十辈神者，其祠之毛一雄鸡，钤而不糈；毛采。

西次三经之首，曰崇吾之山，在河之南，北望冢遂，南望（遥去辶）之泽，西望帝之捕兽之丘，东望（虫焉）渊。有木焉，员叶而白（木付），赤华而黑理，其实如枳，食之宜子孙。有兽焉，其状如禺，而一臂一目，相得乃飞，名曰蛮蛮，见则天下大水。

西北三百里，曰长沙之山。（氵此）水出焉，北流注于（氵幼）水，无草木，多青雄黄。

又西北三百七十里，曰不周之山。北望诸（虫焉）之山，临彼岳崇之山，东望（氵幼）泽，河水所潜也，其原浑浑泡泡。爰有嘉果，其实如桃，其叶如枣，黄华而赤（木付），食之不劳。

又西北四百二十里，曰（上山中大下土）山，其上多丹木，员叶而赤茎，黄华而赤实，其味如饴，食之不饥。丹水出焉，西流注于稷泽，其中多白玉。是有玉膏，其原沸沸汤汤，黄帝是食是飨。是生玄玉。玉膏所出，以灌丹木，丹木五岁，五色乃清，五味乃馨。黄帝乃取（上山中大下土）山之玉荣，而投之钟山之阳。瑾瑜之玉为良，坚粟精密，浊泽有而色。五色发作，以和柔刚。天地鬼神，是食是飨；君子服之，以御为祥。自（上山中大下土）山至于钟山，四百六十里，其间尽泽也。是多奇鸟、怪兽、奇鱼，皆异物焉。

又西北四百二十里，曰钟山。其子曰鼓，其状如人面而龙身，是与钦（丕鸟）杀葆江于昆仑之阳，帝乃戮之钟山之东曰（山加鹞去鸟）崖。钦（丕鸟）化为大鹗，其状如雕而墨文曰首，赤喙而虎爪，其音如晨鹄，见则有大兵；鼓亦化为（皱去皮加鸟）鸟，其状如鸱，赤足而直喙，黄文而白首，其音如鹄，见即其邑大旱。

又西百八十里，曰泰器之山。观水出焉，西流注于流沙。是多文鳐鱼，状如鲤里，鱼身而鸟翼，苍文而白首赤喙，常行西海，游于东海，以夜飞。其音如鸾鸡，其味酸甘，食之已狂，见则天下大穰。

又西三百二十里，曰槐江之山。丘时之水出焉，而北流注于（氵幼）水。其中多蠃其上金青雄黄，多藏琅（王干）、黄金、玉，其阳多丹粟。其了有多采黄金银。实惟帝之平圃，神英招司之，其状马身而人面，虎文而鸟翼，徇于四海，其音如榴。南望昆仑，其光熊熊，其气魂魂。西望大泽，后稷所潜也。其中多玉，其阴多（木加鹞去鸟）木之有若。北望诸（囚此），槐鬼离仑居之，鹰（颤去页加鸟）之所宅也。东望恒山四成，有穷鬼居之，各在一搏。爰有淫水，其清洛洛。有天神焉，其状如牛，而八足二首马尾，其音如勃皇，见则其邑有兵。

西南四百里，曰昆仑之丘，是实惟帝之下都，神陆吾司之。其神状虎身而九尾，人面而虎爪；是神也，司天之九部及帝之囿时，有兽焉，其状如羊而四角，名曰土蝼，是食人。有鸟焉，其状如蜂，大如鸳鸯，名曰钦原，（上若下两虫）鸟兽则死，（上若下两虫）木则枯，有鸟焉，其名曰鹈鸟，是司帝之百服。有木焉，其状如棠，黄华赤实，其味如李而无核，名曰沙棠，可以御水，食之使人不溺。有草焉，名曰（上艹下宾）草，其状如葵，其味如葱，食之已劳。河水出焉，而南流注于无达。赤水出焉，而东南流注于泛天之水。洋水出焉，而西南流注于丑涂之水。墨水出焉，而四海流注于大杅。是多怪鸟兽。

又西三百七十里，曰乐游之山。桃水出焉，西流注于稷泽，是多白玉，其中多（鱼骨）鱼，其状如蛇而四足，是食鱼。

西水行四百里，曰流沙，二百里至于嬴母之山，神长乘司之，是天之九德也。其神状如人而豹尾。其上多玉，其下多青石而无水。

又西北三百五十里，曰玉山，是西王母所居也。西王母其状如人，豹尾虎齿而善啸，蓬发戴胜，是司天之厉及五残。有兽焉，其状如犬而豹文，其角如牛，其名曰狡，其音如吠犬，见则其国大穰。有鸟焉，其状如翟而赤，名曰胜遇，是食鱼，其音如录，见则其国大水。

又西四百八十里，曰轩辕之丘，无草木。洵水出焉，南流注于黑水，其中多丹粟，多青雄黄。

又西三百里，曰积石之山，其下有石门，河水冒以西流，是山也，万物无不有焉。

又西二百里，曰长留之山，其神白帝少昊居之。其兽皆文尾，其鸟皆文首。是多文玉石。实惟员神（石鬼）氏之宫。是神也，主司反景。

又西二百八十里，曰章莪之山，无草木，多瑶碧。所为甚怪。有兽焉，其状如赤豹，五尾一角，其音如击石，其名如狰。有鸟焉，其状如鹤，一足，赤文青质而白喙，名曰毕文，其鸣自叫也，见则其邑有（讠为）火。

又西三百里，曰阴山。浊浴之水出焉，而南流注于番泽，其中多文贝。有兽焉，其状如狸而白首，名曰天狗，其音如榴榴，可以御凶。

又西二百里，曰符惕之山，其上多棕（木丹），下多金玉。神江疑居之。是山也，多怪雨，风云之所出也。

又西二百二十里，曰三危之山，三青鸟居之。是山也，广员百里。其上有兽焉，其状如牛，白身四角，其豪如披蓑，其名曰（犭敖）（犭因），是食有。有鸟焉，一首而三身，其状如（乐鸟），其名曰鸱。

又西一百九十里，曰（马鬼）山，其上多玉而无石。神耆童居之，其音常如钟磬。其下多积蛇。

又西三百五十里，曰天山，多金玉，有青雄黄。英水出焉，而西南流注于汤谷。有神焉，基状如黄囊，赤如丹水，六足四翼，浑敦无面目，是识歌舞，实为帝江也。

又西二百九十里，曰（氵幼）山，神蓐收居之。其上多婴短之玉，其阳多瑾瑜之玉，其阴多青雄黄。是山也，西望日之所入，其气员，神红光之所司也。

西水行百里，至于翼望之山，无草木，多金玉。有兽焉，其状如狸，一目而三尾，名曰囗，其音如囗百声，是可以御凶，

15

服之已瘅。有鸟焉，其状如乌，三首六尾而善笑，名曰（奇鸟）（余鸟），服之使人不厌，又可以御凶。

凡西次三经之首，崇吾之山至于翼望之山，凡二十三山，六千七百四十四里。其神状皆羊身人面。其祠之礼，用一吉玉瘗，糈用稷米。

西次四经之首，曰阴山，上多楮，无石，其草多茆、蕃。阴水出焉，西流注于洛。

北五十里，曰劳山，多茈草。弱水出焉，而西流注于洛。

西五十里，曰罢父之山，洱水出焉，而西流注于洛，其中多茈、碧。

北七十里，曰申山，其上多楮柞，其下多杻橿，其阳多金玉。区水出焉，而江流注于河。

北二百里，曰鸟山，其上多桑，其焉多楮，其阴多铁，其阳多玉。辱水出焉，而东流注于河。

又北百二里，曰上申之山，上无草木，而多硌石，下多榛（木苦），兽多白鹿。其鸟多当扈，其状如雉，以其髯飞，食之不（目旬）目。汤水出焉，东流注于河。

又北百八十里，曰诸次之山，诸次之水出焉，而东流注于河。是山也，多木无草，鸟兽莫居，是多众蛇。

又北百八十里，曰号山，其木多漆、棕，其草多药、芎（上廿下穷）。多泠石。端水出焉，而东流注于河。

又北二百二十里，曰盂山，其阴多铁，其阳多铜，其兽多白狼白虎，其鸟多白雉白翟。生水出焉，而东流注于河。

西二百五十里，曰白於之山，上多松柏，下多栎檀，其兽多（牛乍）牛、（羊咸）羊，其鸟多（号鸟）。洛水出于其阳，而东流注于渭；夹水出于其阴，东流注于生水。

西北三百里，曰申首之山，无草木，冬夏雪。申水出于其上。潜于其下，是多白玉。

又西五十五里，曰泾谷之山。泾水出焉，东南流注于渭，是多白金白玉。

又西百二十里，曰刚山，多柒木，多（王雩）（王孚）之玉。刚水出焉，北流注于渭。是多神［光鬼］，其状人面兽身，一足一手，其音如钦。

又西二百里，至刚山之尾。洛水出焉，而北流注于河。其中多蛮蛮，其状鼠身而鳖首，其音如吠犬。

又西三百五十里，曰英（革是）之山，上多漆木，下多金玉，鸟兽尽白。（氵宛）水出焉，而北流注于陵羊之泽。是多冉遗之鱼，鱼身蛇首六足，其目如观耳，食之使人不眯，可以御凶。

又西三百里，曰中曲之山，其阳多玉，其阴多雄黄、白玉及金。有兽焉，其状如马而白身黑尾，一角，虎牙爪，音如鼓音，其名曰（马交），是食虎豹，可以御兵。有木焉，其状如棠，而员叶赤实，实大如木瓜，名曰杯木，食之多力。

又西二百六十里，曰（圭阝）山。其上有兽焉，其状如牛，（虫胃）毛，名曰穷奇，音如（犭皋）狗，是食人。（氵蒙）水出焉，南流注于洋水，其中多黄贝；蠃鱼，鱼身而鸟翼，音如鸳鸯，见则其邑大水。

又西二百二十里，曰鸟鼠同穴之山，其上多白虎、白玉。渭水出焉，而东流注于河。其中多鰠鱼，其状如口鱼，动则其邑有大兵。滥水出于其西，西流注于汉水，多（上如下鱼）（左鱼右比）之鱼，其状如覆铫，鸟首而鱼翼，音如磬石之声，是生珠玉。

西南三百六十里，曰崦嵫之山，其上多丹木，其叶如榖，其实大如瓜，赤符而黑理，食之已瘅，可以御火。其阳多龟，其阴多玉。苕水出焉，而西流注于海，其中多砥砺。有兽焉，其状马身而鸟翼，入面蛇尾，是好举人，名曰孰湖。有鸟焉，其状如（号鸟）而人面，（虫隹）身犬尾，其名自号也，见则其邑大旱。

凡西次四经自阴山以下，至于崦嵫之山，凡十九山，三千六百八十里。其神祠礼，皆用一白鸡祈，糈以稻米，白菅为席。

右西经之山，凡七十七山，一万七千五百一十七里。

北山经

北山经之首，曰单狐之山，多机木，其上多华草。逢（氵逢）水出焉，而西流注于（氵幼）水，其中多芘石文石。

又北二百五十里，曰求如之山，其上多玉，无草木。滑水出焉，而西流注于诸口之水。其中多滑鱼。其状如（鱼单），赤背，其音如梧，食之已疣。其中多水马，其状如马，文臂牛尾，其音如呼。

又北三百里，曰带山，其上多玉，其下多青碧。有兽焉，其状如马，一角有错，其名曰□疏，可以辟火。有鸟焉，其状如乌，五采而赤文，名曰（奇鸟）（余鸟），是自为牝牡，食之不疽。彭水出焉，而西流注于芘湖之水，中多口鱼，其状如鸡而赤毛，三尾六足四首，其音如鹊，食之可以已忧。

又北四百里，曰谯明之山。谯水出焉，西流注于河。其中多何罗之鱼，一首而十身，其音如吠犬，食之已痈。有兽焉，其状如（豸亘）而赤毫，其音如榴榴，名曰孟槐，可以御凶。是山也，无草木，多青雄黄。

又北三百五十里，曰涿光之山。嚣水出焉，而西流注于河。其中多□□（同习）之鱼，其状如鹊而十翼，鳞皆在羽端，其音如鹊，可以御火，食之不瘅。其上多松柏，其下多棕□，其兽多□羊，其鸟多蕃。

又北三百八十里，曰虢山，其上多漆，其下多桐椐。其阳多玉，其阴多铁。伊水出焉，西流注于河。其兽多橐驼，其鸟多寓，状如鼠而鸟翼，其音如羊，可以御兵。

又北四百里，至于虢山之尾，其上多玉而无石。鱼水出焉，西流注于河，其中多文贝。

又北二百里，曰丹熏之山，其上多樗柏，其草多韭韮，多丹□。熏水出焉，而西流注于棠水。有兽焉，其状如鼠，而菟首麋身，其音如（犭皋）犬，以其尾飞，名曰耳鼠，食之不（月采），又可以御百毒。

又北二百八十里，曰石者之山，其上无草木，多瑶碧。（氵此）水出焉，西流注于河。有兽焉，其状如豹，而文题白身，名曰孟极，是善伏，其鸣自呼。

又北百一十里，曰边春之山，多葱、葵、韭、桃、李。杠水出焉，而西流注于（氵幼）泽。有兽焉，其状如禺而文身，善笑，见人则卧，名曰幽（安鸟），其鸣自呼。

又北二百里，曰蔓联之山，其上无草木，有兽焉，其状如禺而有鬣，牛尾、文臂、马（足厂虎），见人则呼，名曰足訾，其鸣自呼。有鸟焉，群居而朋飞，其毛如雌雉，名曰（交鸟），其鸣自呼，食之已风。

又北八百里，曰单张之山，其上无草木。有兽焉，其状如豹而长尾，人首而牛耳，一目，名曰诸犍，善吒，行则衔其尾。有鸟焉，其状如雉，而文首、白翼、黄足，名曰白（夜鸟），食之已嗌痛，可以已（疒制）。栎水出焉，在而南流注于杠水。

又北三百二十里，曰灌题之山，其上多樗柘，其下多流沙，多砥。有兽焉，其状如牛而白尾，其音如（讠交），名曰那父。有鸟焉，其状如雌雉而人面，见人则跃，名曰竦斯，其鸣自呼也。匠韩之水出焉，而西流注于（氵幼）泽，其中多磁石。

又北二百里，曰潘侯之山，其上多松柏，其下多榛（木苦），其阳多玉，其阴多铁。有兽焉，基状如牛，而四节生毛，或曰旄牛。边水出焉，而南流注于栎泽。

又北二百三十里，曰小咸之山，无草木，冬夏有雪。

北二百八十里，曰大咸之山，无草木，其下多玉。是山也，四方，不可以上。有蛇名曰长蛇，其毛如彘豪，其音如鼓柝。

又北三百二十里，曰敦薨之山，其上多棕（木丹），其下多苀草。敦薨之水出焉，而西流注于（氵幼）泽。出于昆仑之东北隅，实惟河原。其中多赤鲑，其兽多兕、旄牛，其鸟多尸鸠。

又北二百里，曰少咸之山，无草木，多青碧。有兽焉，其状如牛，而赤身、人面、马足，名曰窫窳，其音如婴儿，是食人。敦水出焉，东流注于雁门之水，其中多（鱼市）（鱼市）之鱼。食之杀人。

又北二百里，曰狱法之山。（氵襄）泽之出焉，而东北流注于泰泽。其中多（鱼巢）鱼，其状如鲤而鸡足，食之已疣。有兽焉，其状如犬而人面，善投，见人则笑，其名山（犭军），其行如风，见则天下大风。

又北二里，曰北岳之山，多枳棘刚木。有兽焉，其状如牛，而四角、人、耳、彘耳，其名曰诸怀，其音如鸣雁，是食人。诸怀之水出焉，而西流注于嚣水，水中多（鱼旨）鱼，鱼身而犬首，其音如婴儿，食之已狂。

又北百八十里，曰浑夕之山，无草木，多铜玉。嚣水出焉，而西流注于海。有蛇一首两身，名曰肥遗，见则其国大旱。

又北五十里，曰北单之山，无草木，多葱韭。

又北百里，曰罴差之山，无草木，多马。

又北百八十里，曰北鲜之山，是多马，鲜水出焉，而西北流注于涂吾之水。

又北百七十里，曰（阝是）山，多马。有兽焉，其状如豹而文首，名曰（犭幼）。（阝是）水出焉，而东流注于泰泽，其中多龙龟。

凡北山经之首，自单狐之山至于（阝是）山，凡二十五山，五千四百九十里，其神皆人面蛇身。其祠之，毛用一雄鸡彘瘗，吉玉用一（王圭），瘗而为不糈。其山北人，皆生食不火之物。

北次二经之首，在河之东，其首枕汾，其名曰管涔之山。其上无木而多草，其下多玉。汾水出焉，而西流注于河。

又西二百五十里，曰少阳之山，其上多玉，其下多赤银。酸水出焉，而东流注于汾水，其中多美赭。

又北五十里，曰县雍之山，其上多玉，其下多铜，其兽多闾麋，其鸟多白翟白（有鸟）。晋水出焉，而东南流注于汾水。其中多（上此下鱼）鱼，其状如口而赤麟，其音如叱，食之不骄。

又北二百里，曰狐岐之山，无草木，多青碧。胜水出焉，而东北流注于汾水，其中多苍玉。

又北三百五十里，曰白沙山，广员三百里，尽沙也，无草木鸟兽。鲔水出于其上，潜于其下，是多白玉。

又北四百里，曰尔是之山，无草木，无水。

又北三百八十里，曰狂山，无草木，是山也，冬夏有雪。狂水出焉，而西流注于浮水，其中多美玉。

又北三百八十里，曰诸余之山，其上多铜玉，其下多松柏。诸余之水出焉，而东流注于旄水。

又北三百五十里,曰敦头之山,其上多金玉,无草木。旄水出焉,而东流注于印泽。其中多(马孛)马,牛尾而白身,一角,其音如呼。

又北三五十里,曰(钅句)吾之山,其上多玉,其下多铜。有兽焉,其状如羊身人面,其目在腋下,虎齿人爪,其音如婴儿,名曰狍(号鸟),是食人。

又北三百里,曰北嚣之山,无石,其阳多玉。有兽焉,其状如虎,而白身犬首,马尾彘鬣,名曰独(犭谷)。有鸟焉,其状如乌,人面,名曰口(冒鸟),宵飞而昼伏,食之已(日曷)。涔水出焉,而东流注于邛泽。

又北三百五十里,曰梁渠之山,无草木,多金玉。修水出焉,而东流注于雁门,其兽多居暨,其状如口而赤毛,其音如豚。有鸟焉,其状如夸父,四翼、一目、犬尾,名曰嚣,其音如鹊,食之已腹痛,可以止(彳同亍)。

又北四百里,曰姑灌之山,无草木。是山也,科夏有雪。

又北三百八十里,曰湖灌之山,其阳多玉,其阴多碧,多马,湖灌之水出焉,而东流注于海,其中多(鱼旦)。有木器厂焉,其叶如柳而赤理。

又北水行五百里,流沙三百里,至于洹山,其上多金玉。三桑生之,其树皆无枝,其高百仞。百果树生之。其下多怪蛇。

又北三百里,曰敦题之山,无草木,多金玉。是(钅享)于北海。

凡北次二经之首,自管涔之山至于敦题之山,凡十七山,五千六百九十里。其神皆蛇身人面。其祠；毛用一雄鸡瘗；用一璧一（王圭），投而不糈。

北次三经之首，曰太行之山。其首曰归山，其上有金玉，其下有碧。有兽焉，其状如口羊而四角，马尾而有距，其名曰（马军），善还，其名自（讠交）有鸟焉，其状台鹊，白身、赤尾、六足，其名曰口，是善惊，其鸣自（讠交）。

又东北二百里，曰龙侯之山，无草木，多金玉。决决之水出焉，而东流注于河。其中多人鱼，其状如（鱼帝）鱼，四足，其音如婴儿，食之无痴疾。

又东北二百里，曰马成之山，其上多文石，其阴多金玉。有兽焉，其状如白犬而黑头，见人则飞，其名曰天马，其鸣自（讠交），有鸟焉，其状如乌，首白而身青、足黄，是名曰（屈鸟）（居鸟）。其名自（讠交），食之不饥，可以已寓。

又东北七十里，曰咸山，其上有玉，其下多铜，是多松柏，草多茈草。条菅之水出焉，而西南流注于长泽。其中多器酸，三岁一成，食之已疠。

又东北二百里，曰天池之山，其上无草木，多文石。有兽焉，其状如兔而鼠首，以其背飞，其名曰飞鼠。绳水出焉，潜于其下，其中多黄垩。

又东三百里，曰阳山，其上多玉，其下多金铜。有兽焉，其状如牛而尾，其颈（左上臣右上又下鸟），其状如句瞿，其名曰领胡，其鸣自（讠交），食之已狂。有鸟焉，其状如赤雉，而五采以文，是自为牝牡，名曰象蛇，其名自（讠交）。留水出焉，而南流注于河。其中有囗父之鱼，其状如鲋鱼，鱼首而彘身，食之已呕。

又东三百五十里，曰贲闻之山，其上多苍玉，其下多黄垩，多涅石。

又北百里，曰王屋之山，是多石。（氵联）水出焉，而西北流注于泰泽。

又东北三百里，曰教山，其上多玉而无石。教水出焉，西流注于河，是水冬干而夏流，实惟干河。其中有两山。是山也，广员三百步，其名曰发丸之山，其上有金玉。

又南三百里，曰景山，南望盐贩之泽，北望少泽。其上多草、（上廿下诸）囗，其草多秦椒，其阴多赭，其阳多玉。有鸟焉，其状如蛇，而四翼、六目、六足，名曰酸与，其鸣自（讠交），见则其邑有恐。

又东南三百二十里，曰孟门之山，其上多苍玉，多金，其下多黄垩，多涅石。

又东南三百二十里，曰平山。平水出于其上，潜于其下，是多美玉。

又东二百里，曰京山，有美玉，多漆木，多竹，其阳有赤铜，其阴有玄（石肃）。高水出焉，南流注于河。

又东二百里，曰虫尾之山，其上多金玉，其下多竹，多青碧。丹水出焉，南流注于河；薄水出焉，而东南流注于黄泽。

又东三百里，曰彭（囟比）之山，其上无草木，多金玉，其下多水。蚤林之水出焉，东南流注于河。肥水出焉，而南流注于床水，其中多肥遗之蛇。

又东百八十里，曰小侯之山。明漳之水出焉，南流注于黄泽。有鸟焉，其状如乌而白文，名曰（古鸟）（左上羽左下白右鸟），食之不（氵爵）。

又东三百七十里，曰泰头之山。共水出焉，南流注于池。其上多金玉，其下多竹箭。

又东北二百里，曰轩辕之山，其上多铜，其下多竹。有鸟焉，其状如枭白首，其名曰黄鸟，其鸣自（讠交），食之不妒。

又北二百里，曰谒戾之山，其上多松柏，有金玉。沁水出焉，南流注于河。其东有林焉，名曰丹林。丹林之水出焉，南流注于河。婴侯之水出焉，北流注于氾水。

东三百里，曰沮洳之山，无草木，有金玉。（氵綦）水出焉，南流注于河。

又北三百里，曰神？之山，具上有文石，其下有白蛇，有飞虫。黄水出焉，而东流注于洹；滏水出焉，而东流注于欧水。

又北二百里，曰发鸠之山，其上多柘木。有鸟焉，其状如乌，文首、白喙、赤足，名曰精卫，其鸣自（讠交）。是炎帝之少女名曰女娃，女娃游于东海，溺而不返，故为精卫。常衔西山之木石，以堙于东海。漳水出焉，东流注于河。

又东北百二十里，曰少山，其上有金玉，其下有铜。清漳之水出焉，东流注于浊漳之水。

又东北二百里，曰锡山，其上多玉，其下有砥。牛首之水出焉，而东流注于滏水。

又北二百里，曰景山，有美玉。景水出焉，东南流注于海泽。

又北百里，曰题首之山，有玉焉，多石，无水。

又北百里，曰绣山，其上有玉、青碧，其木多（木旬），其草多芍药、芎（上艹下穷）。洧水出焉，而东流注于河，其中有口、龟。

又北百二十里，曰松山。阳水出焉，东北流注于河。

又北百二十里，曰敦与之山，其上无草木，有金玉。（氵索）水出于其阳，而东流注于泰陆之水；（氵氏）水出于其阴，而东流注于彭水；槐水出焉，而东流注于（氵氏）泽。

又北百七十里，曰柘山，其阳有金玉，其阴有铁。历聚之水出焉，而北流注于洧水。

又北二百里，曰维龙之山，其上有碧玉，其阳有金，其阴有铁。肥水出焉，而东流注于皋泽，其中多（上三田下石）石。敞铁之水出焉，而北于大泽。

又北百八十里，曰白马之山，其阳多石玉，其阴多铁，多赤铜。木马之水了出焉，而东北流注于（上虍下乎）沱。

又北二百里，曰空桑之山，无草木，冬夏有雪。

空桑之水出焉，东流注于（上虍下乎）沱。

又北三百里，曰泰戏之山，无草木，多金玉。有兽焉，其状如羊，一角一目，目在耳后，其名曰（羊东）（羊东]，其鸣自（讠交）。（上虍下乎）沱之水出焉，而东流注于（楼去木换氵）水。液女之水出于其阳，南流注于沁水。

又北三百里，曰石山，多藏金玉。口口之水出焉，而东流注于（上虍下乎）沱；鲜于之水出焉，而南流注于（上虍下乎）沱。

又北二百里，曰童戎之山。皋涂之水出焉，而东流注于（楼去木换氵）液水。

又北三百里，曰高是之山。滋水出焉，而南流注于（上虍下乎）沱。其木多棕，其草多条。（氵寇）水出焉，东流注于河。

又北三百里，曰陆山，多美玉。美玉（姜阝）水出焉，而东流注于河。

又北二百里，曰沂山般水出焉，而东流注于河。

北百二十里，曰燕山，多婴石。燕水出焉，东流注于河。

又北山行五百里，水行五百里，至于饶山。是无草木，多瑶碧，其兽多口口，其鸟多（留鸟）。历虢之水出焉，而东流注于河，其中有师鱼，食之杀人。

又北四百里，曰乾山，无草木，其阳有金玉，其阴有铁而无水。有兽焉，其状如牛而三足，其名曰（犭原），其鸣自（讠交）。

又北五百里，曰伦山。伦水出焉，而东流注于河。有兽焉，其状如麋，其川在尾上，其名曰羆。

又北五百里，曰碣石之山。绳水出焉，而东流注于河，其中多蒲夷之鱼。基上有玉，其下多青碧。

又北水行五百里，至于雁门之山，无草木。

又北水行四百里，至于泰泽。其中有山焉，曰帝都之山，广员百里，无草木，有金玉。

又北五百里，曰（钅享）于毋逢之山，北望鸡号之山，其风如（左风右三力）。西望幽都之山，浴水出焉。是有朋蛇，赤首白身，其音如牛，见则其邑大旱。

凡北次三经之首，自太行之山以至于无逢之山，凡四十六山，万二千三百五十里。其神状皆马身而人面者廿神。其祠之，皆用一藻（上廿下臣）瘗之。其十四神状皆彘身而载玉。其祠之，皆玉，不瘗。其十神状皆彘身而八足蛇尾。其祠之，皆用一壁瘗之。大凡四十四神，皆用（禾余）糈米祠之。此皆不火食。

右北经之山志，凡八十七山，二万三千二百三十里。

东山经

东山经之首，曰（木敕）（上牛左下虫右下虫）之山，北临乾昧。食水出焉。而东北流注于海。其中多鱅鱅之鱼，其状如梨牛，其音如彘鸣。

又南三百里，曰枛山，其上有玉，其下有金。湖水出焉，东流注于食水，其中多活师。

又南三百里，曰（木旬）状之山，其上多金玉，其下多青碧石。有兽焉，其状如犬，六足，其名曰从从，其鸣自（讠交）。有鸟焉，其状如鸡而鼠毛，其名曰（上此下虫）鼠，见则其邑大旱。（氵只）水出焉。而北流注于湖水。其中多箴鱼，其状如口，其喙如箴，食之无疫疾。

又南三百里，曰勃垒之山，无草木，无水。

又南三百里，曰番条之山，无草木，多沙。（氵咸）水出焉，北流注于海，其中多（鱼感）鱼。

又南四百里，曰姑儿之山，其上多漆，其下多桑柘。姑儿之水出焉，北流注于海，其中多（鱼感）鱼。

又南四百里，曰高氏之山，其上多玉，其下多箴石。诸绳之水出焉，东流注于泽，其中多金玉。

又南三百里，曰岳山，其上多桑，其下多樗。泺水出焉，东流注于泽，其中多金玉。

又南三百里，曰（犭才）山，其上无草木，其下多水，其中多堪（予予）之鱼。有兽焉，其状如夸父而彘毛，其音如呼，见则天下大水。

又南三百里，曰独山，其上多金玉，其下多美石末涂之水出焉，而东流注于沔，其中多口（虫庸），其状如黄蛇，鱼翼，出入有光，见则其邑大旱。

又南三百里，曰泰山，其上多玉，其下多金。有兽焉，其状如豚而有珠，名曰（犭同）（犭同），其鸣自（讠交）。环水出焉，东流注于江，其中多水玉。

又南三百里，曰竹山，（钅享）于江，无草木，多瑶碧。激水出焉，而东流注于娶檀之水，其中多茈蠃。

凡东山经之首，自（木敕）（上牛左下虫右下虫）之山以至于竹山，凡十二山，三千六百里。其神状皆人身龙首。祠：毛用一犬祈，（耳申）用鱼。

东次二经之首，曰空桑之山，北临食水，东望沮吴，南望沙陵，西望湎（氵右上民右下日）泽。有兽焉，其状如牛而虎文，其音如钦。其名曰（车令）（车令），其鸣自（讠交），见则天下大水。

又南六百里，曰曹夕之山，其下多口而无木，多鸟兽。

又西南四百里，曰峄皋之山，其上多金玉，其下多白垩。峄皋之水出焉，东流注于激女之水，其中多蜃珧。

又南水行五百里，流沙三进里，至于葛山之尾，无草木，多砥砺。

又南三百八十里，曰葛山之首，无草木。澧水出焉，东流注于余泽，其中多珠鳖鱼，其状如口而有目，六足有珠，其味酸甘，食之无疠。

又南三百八十里，曰余（上山下我）之山。其上多梓（左木右丹），其下多荆杞。杂余之水出焉，东流注于黄水。有兽焉，其状如菟而鸟类喙，鸱目蛇尾，见人则眠，名犰狳，其鸣自（讠交），见则螽蝗为败。

又南三百里，曰杜父之山，无草木，多水。

又南三百里，曰耿山，夫草木，多水碧，多大蛇。有兽焉，其状如狐而鱼翼，其名曰朱（犭需），其鸣自（讠交）见则其国有恐。

又南三百里，曰卢其之山，无草木，多沙石，沙水出焉，南流注于涔水，其中多囗鹝，其状如鸳鸯而人足，其鸣自（讠交），见则其国多土功。

又南三百八十里，曰姑射之山，无草木，多水。

又南水行三百里，流沙百里，曰北姑射之山，无草木，多石。

又南三百里，曰碧山，无草木，多蛇，多碧、多玉。

又南五百里，曰缑氏之山，无草木，多金玉。原水出焉，东流注于沙泽。

又南三百里，曰姑逢之山，无草木，多金玉。有兽焉，其状如狐而有翼，其音如鸿雁，其名曰（犭敝）（犭敝），见则天下大旱。

又南五百里，曰凫丽之山，其上多金玉，其下多箴石，有兽焉，其状如狐，而九尾、九首、虎爪，名曰（上龙下虫）侄，其音如婴儿，是食人。

又南五百里，曰（左石右上西右下土）山，南临（左石右上西右下土）水，东望湖泽，有兽焉，其状如马，而羊目、四角、牛尾，其音如（犭皋）狗，其名曰（上山下攸）（上山下攸）。见则其国多狡客。有鸟焉，其状如凫而鼠尾，善登木，其名曰（恝去心换糸）（钅句），见则其国多疫。

凡东次二经之首，自空桑之山至于（左石右上西右下土）山，凡十七山，六千六百四十里。其神状皆兽身人面载（角各）。其祠：毛用一鸡祈，婴用一璧瘗。

又东次三经之首，曰尸胡之山，北望（歹羊）山，其上多金玉，其下多（束束）。有兽焉，其状如麋而鱼目，名曰口胡，其鸣自（辶交）。

又南水行八百里，曰岐山，其木多桃李，其兽多虎。

又南水行七百里，曰诸（钅句）之山，无草木，多沙石。是山也，广员百里，多寐鱼。

又南水行七百里，曰中父之山，无草木，多沙。

又东水行千里，曰胡射之山，无草木，多沙石。

又南水行七百里，曰孟子之山，其木多梓桐，多桃李，其草多菌蒲，其兽多麋鹿。是山也，广员百里。其上有水出焉，名曰碧阳，其中多口鲔。

又南水行五百里，曰流沙，行五百里，有山焉，曰（足支）踵之山，广员二百里，无草木，有大蛇，其上多玉。有水焉，广员四十里皆涌，其名曰深泽，其中多大龟。有鱼焉，其状如鲤。而六足鸟尾，名曰（鱼合）（鱼合）之鱼，其名自（辶交）。

又南水行九百里，曰（足每）隅之山，其上多草木，多金玉，多赭。有兽焉，其状如牛而马尾，名曰精精，其鸣自（辶交）。

又南水行五百里，流沙三百里，至于无皋之山，南望幼海，东望口木，无草木，多风。是山也，广员百里。

凡东次三经之首，自尸胡之山至于无皋之山，凡九山，六千九百里。其神状皆人身而羊角。其祠：用一牡羊，米用黍。是神也，见则风雨水为败。

又东次四经之首，曰北号之山，临于北海。有木焉，其状如杨，赤华，其实如枣而无核，其味酸甘，食之不疟。食水出焉，而东北流注于海。有兽焉，其状如狼，赤首鼠目，其音如豚，名曰（犭曷）狙，是食人。有鸟焉，其状如鸡而白首，鼠足而虎爪，其名曰（鬼斤）誉亦食人。

又南三百里，曰旄山，无草木。苍体之水出焉，而西浪注于展水，其中多（鱼羞）鱼，其状如鲤而大首，食者不疣。

又南三百二十里，曰东始之山，上多苍玉。有木焉，其状如杨而赤理，其汁如血，不实，其名曰芑，可以服马，（氵此）水出焉，而东北流注于海，其中多美贝，多茈鱼，其状如鲋，一首而十身，其臭如口芜食之不（米费）。

又东南三百里，曰女丞之山，其上无草木，石膏水出焉，而西流注于鬲水，其中多薄鱼，其状如口鱼而一目，其音如欧，见则天下大旱。又东南二百里，曰钦山，多金玉而无石。师水出焉，而北流注于皋泽，其中多（鱼羞）鱼，多文贝。有兽焉，其状如豚而有牙，其名曰当康，其鸣自（辶交），见则天下大穰。

又东南二百里，曰子桐之山。子桐之水出焉，而西流注于余如之泽。其中多（鱼骨）鱼，其状如鱼而鸟翼，出入有光。其音如鸳鸯，见则天下大旱。

又东北二百里，曰剡山，多金玉。有兽焉，其状如彘而人面。黄身而赤尾，其名曰合口，其音如婴儿，是兽也，食人，亦食虫蛇，见则天下大水。

又东北二百里，曰太山，上多金玉桢木。有兽焉，其状如（牛而）白首，一目而蛇尾，其名曰蜚，行水则竭，行草则死，见则天下大疫，（毛句）水出焉，而北流注于劳水，其中的（鱼羞）鱼。

凡东次四经之首，自北号之山至于太山，凡八山，一千七百二十里。

中山经

中山经薄山之首，曰甘枣之山，共水出焉，而西流注于河。其上多□□木。其下有草焉，葵本而可叶。黄华而荚实，名曰箨，可以已懵。有兽焉，其状如□鼠而文题，其名曰（左上革左下夫右能），食之已瘿。

又东二十里，曰历儿之山，其上多□，多（木万）木，是木也，方茎而员叶，黄华而毛，其实如拣，服之不忘。

又东十五里，曰渠猪之山，其上多竹，渠猪之水出焉，而南流注于河。其中是多豪鱼，状如（鱼有），赤喙尾赤羽，可以已白癣。

又东三十五里，曰葱聋之山，其中多大谷，是多白垩，黑、青、黄垩。

又东十五里，曰（氵委）山，其上多赤铜，其阴多铁。

又东七十里，曰脱扈之山。有草焉，其状如葵叶而赤华，荚实，实如棕荚，名曰植褚，可以已（疒鼠），食之不眯。

又东二十里，曰金星之山，多天婴，其状如龙骨，可以已痤。

又东七十里，曰泰威之山。其中有谷，曰枭谷，其中多铁。

又东十五里，曰囗谷之山。其中多赤铜。

又东百二十里，曰吴林之山，其中多囗草。

又北三十里，曰牛首之山。有草焉，名曰鬼草，其叶如葵而赤茎，其秀如禾，服之不忧。劳水出焉，而西流注于囗水，是多飞鱼，其状如鲋鱼，食之已痔（彳同丁）。

又北四十里，曰霍山，其木多楮。有兽焉，其状如狸，而白尾有鬣，名曰（月出）（月出），养之可以已忧。

又北五十二里，曰合谷之山，是多（上廿下詹）棘。

又北三十五里，曰阴山，多砺石、文石。少水出焉，其中多雕棠，其叶如榆叶而方，其实如赤菽，食之已聋。

又东北四百里，曰鼓镫之山，多赤铜。有草焉，名曰荣草，其叶如柳，其本如鸡卵，莨之已风。

凡薄山之首，白甘枣之山至于鼓镫之山，凡十五山，六千六百七十里。历儿、冢也，其祠礼：毛，太牢之具，县以吉玉。其余十三者，毛用一羊，县婴用桑封，瘗而不糈。桑封者，桑主也，方其下而锐其上，而中穿之加金。

中次二经注山之首，曰（火军）诸之山，其上多桑，其兽多闾麋，其鸟多（曷鸟）。

又西南二百里，曰发视之山，其上多金玉，其下多砥砺。即鱼之水出焉，而西流注于伊水。

又西三百里，曰豪山，其上多金玉而无草木。

又西三百里，曰鲜山，多金玉，无草木，鲜水出焉，而北流注于伊水。其中多鸣蛇，其状如蛇而四翼，其音如磬，见则其邑大旱。

又西三百里，曰阳山，多石，无草木。阳水出焉，而北流注于伊水。其中多化蛇，其状如人面而豺身，鸟翼而蛇行，其音如叱呼，见其邑大水。

又西二百里，曰昆吾之山，其上多赤铜。有兽焉，其状如彘而有角，其音如号，名曰（上龙下虫）（虫氏），食之不眯。

又西百二十里，曰荔山。荔水出焉，而北流注于伊水，其上多金玉，其下多青雄黄。有木焉，其状如棠而赤时，名曰芒草，可以毒鱼。

又西一百五十里，曰蔓渠之山，其上多金玉，其下多竹箭。伊水出焉，而东流注于洛。有兽焉，其名曰马腹，其状如人面虎身，其音如婴儿，是食人。

凡济山之首，自（火军）诸之山至于蔓渠之山，凡九山，一千六百七十里，其神皆人面而鸟身。祠用毛，用一吉玉，投而不糈。

中次三以（上廿下负）山之首，曰敖岸之山，其阳多（王雩）（王孚）之玉，其阴多赭、黄金。神熏池居之。是常出美玉。北望河林，其状如茜如举。有兽焉，其状如白鹿而四角，名曰夫诸，见则其邑大水。

又东十里，曰青要之山，实惟帝之密都。北望河曲，是多驾鸟。南望（土单）渚，禹父之所化，中多仆累、蒲卢。（鬼申）

武罗司之，其状人面而豹文，小要而白齿，而穿耳以口，其鸣如鸣玉。是山也，宜女子。畛水出焉，而北流注于河。其中有鸟焉，名曰（幼鸟），其状如凫，青身而朱目赤尾，食之宜子。□有草焉，其状如口，而方茎黄华赤实，其本如藳木，名曰荀草，服之美人色。

又东十里，曰（马鬼）山，其上有美枣，其阴有（王雩）（王孚）之玉。正回之水出焉，而北流注于河。其中多飞鱼，其状如豚而赤文，服之不畏雷，可以御兵。

又东四十里，曰宜苏之山，其上多金玉，其下多蔓居之木。（氵庸）（氵庸）之水出焉，而北流注于河，是多黄贝。

又东二十里，曰和山，其上无草木而多瑶碧，实惟河之九都。是山也五曲，九水出焉，合而北流注于河，其中多苍玉。吉神泰逢司之，其状如人而虎尾，是好居于（上廿下负）山之阳，出入有光。泰逢神动天地气也。

凡（上廿下负）之首，自敖岸之山至于和山，凡五山，四百四十里。其祠：泰逢、熏池、武罗皆一牡羊副，婴用吉玉。其二神用一雄鸡瘗之。糈用（禾余）。

中次四经厘山之首，曰鹿蹄之山，其上多玉，其下多金。甘水出下，而北流注于洛，其中多泠石。

西五十里，曰扶猪之山，其上多（石需）石。有兽焉，其状如貉而人目，其名曰（上鹿下言）。虢水出焉，而北流注于洛，其中多（石需）石。

又西一百二十里，曰厘山，其阳多玉，其阴多（上廿下鬼）。

有兽焉,其状如牛。苍身,其音如婴儿,是食人,其名曰犀渠。(氵庸)(氵庸)之水出

又西一百二十里,曰厘山,其阳多玉,其阴多(上廿下鬼)。有兽焉,其状如牛。苍身,其音如婴儿,是食人,其名曰犀渠。(氵庸)(氵庸)之水出焉,而南流注于伊水。有兽焉,名曰(犭吉页),其状如獳犬而有鳞,其毛如彘鬣。

又西二百里,曰箕尾之山,多楮,多涂石,其上多(王雩)(王孚)之玉。

又西二百里,曰箕尾之山,基个多玉,其下多铜。滔雕之水出焉,而北流注于洛。其中多(羊咸)羊。有木焉,其状如樗,其叶如桐而荚实,其名曰茇,可以毒鱼。

又西二百里,曰白边之山,其上多金玉,其下多青雄黄。

又西二百里,曰熊耳之山,其上多漆,其下多棕。浮濠之水出焉,而西流注于洛,其中多水玉,多人鱼。有草焉,其状如苏而赤华,名曰葶苎,可以毒鱼。又西三百里,曰牡山,其上多文石,其下多竹箭竹(上竹下媚),其兽多(牛乍)牛、(羊咸)羊,鸟多赤(上敝下鸟)。

又西三百五十里,曰囗举之山。雒水出焉,而东北流注于玄扈之水,其中多肠之物。此二山者,洛间也。

凡厘册之首,自鹿蹄之山至于玄扈之山,凡九山,千六百里七十里。其神状皆人面兽身。其祠之,毛用一白鸡,祈而不糈,以采衣之。

中次五经薄山之荀,曰苟床之山,无草木,多怪石。

东三百里，曰首山，其阴多楮柞，其草多（上廿下术）芫，其阳多（王雩）（王孚）之玉，木多槐。其阴有谷，曰机谷，多（鸟大）鸟，其状如枭，食之已垫。

又东三百里，曰县（属斤）之山，无草木，多文石。

又东三百里，曰葱聋之山，无草木，多口石。东北五百里，曰条谷之山，其木多槐桐，其草多芍药、门冬。

又北十里，曰超山，其阴多苍玉，其阳有井，冬有水而夏竭。

又东十里，曰成侯之山，其上多（木熏）木，其草多（上廿下凡）。

又东五百里，曰朝歌之山，谷多美垩。

又东五百里，曰隗山，谷多金锡。

又东十里，曰历山，其木多槐，其阳多玉。

又东十里，曰尸山，多苍玉，其兽多（上鹿下京）。尸水出焉，南流注于洛水，其中多美玉。

又东十里，曰良余之山，基上多楮柞，无石。余水出于其阴，而北流注于河；乳水出于其阳，而东南流注于洛。

又东南十里，曰蛊尾之山，多砺石、赤铜。龙余之水出焉，而东南流注于洛。

又东北二十里，曰升山，其木其多楮柞棘，其草多（上廿下诸）蕙，多寇脱。黄酸之水出焉，而北流注于河，其中多璇玉。

又东二十里，曰阳虚之山，多金，临于玄扈之水。

凡薄山之首，自苟林之山至于阳虚之山，凡十六山，二千九百八十二里。升山，冢也，其祠礼：太牢，婴用吉玉。首山，（鬼申）也，其祠用（禾余）、黑牺太牢之具、糱酿；干儛，置鼓；婴用一璧。尸水，合天也，肥牲祠也；用一黑犬于上，用一雌鸡于下，刲一牝羊，献血。婴用吉玉，采之，飨之。

中次六经缟（羊氏）山之首，曰平逢之山，南望伊洛，东望谷城之山，无草木，无水，多沙石。有神焉，其状如人而二首，名曰骄虫，是为螯虫，实惟蜂蜜之庐，其祠之，用一雄鸡，禳而勿杀。

西十里，曰缟（羊氏）之山，无草木，多金玉。

又西十里，曰（外广内鬼）山，其阴多（王雩）（王孚）之玉。其西有谷焉，名曰帙谷，其木多柳楮。其中有鸟焉，状如山鸡而长尾，赤如丹火而青喙，名曰（令鸟）（要鸟），其鸣自呼，服之不眯。交觞之水出于阳，而南流于洛；俞随之水出于其阴，而北流注于谷水。

又西三十里，曰瞻诸之山，其阳多金，其阴多文石。谢水出焉，而东南流注于洛，少水出其阴，而北流注于谷水。

又西三十里，曰娄豖之山，无草木，多金玉。瞻水出于其阳，而东流注于洛；陂水出于其阴，而北流注于谷水其中多茈石、文石。

又西四十里，曰白石之山，惠水出于其阳，而南流注于洛，其中多水玉，涧水出于其阴西北流注于谷水，其中多麋石、栌丹。

又西五十里，曰谷山，其上多楮，其下多桑。爽水出焉，而西北流注于谷水，其中多碧绿。

又西七十二里，曰密山，其阴多玉，基阴多铁。豪水出焉，而南流注于洛，其中多旋龟，其状鸟首而鳖尾，其音如判木。无草木。

又西百里，曰长石之山，无草木，多鑫玉。其西有谷焉，名曰共谷，多竹。共水出焉，西南流注于洛，其中多鸣石。

又西一百四十里，曰傅山，无草木，多瑶碧。厌染之水出于其阳，而南流注于洛，其中多人鱼。其西有林焉。名曰墦冢，谷水出焉，而东流注于洛其中多（王因）玉。

又西五十里，曰橐山，其木多樗，多口木，其阳多金玉，其阴多铁，多萧。橐水出焉，而北流注于河。其中多修辟之鱼，状如黾而白喙，其音如鸱，食之已白癣。

又西九十里，曰常（上丞下灬）之山，无草木，多垩，（氵焦）水出焉，而东北流注于河，其中多苍玉。（上艹下甾）水出焉，而北流注于河。

又西九十里，曰夸父之山，其木多棕（木丹），多竹箭，其兽多（牛乍）牛、（羊咸）羊，其鸟多（上敝下鸟），其阳多玉，其阴多铁。其北有林焉，名曰桃林，是广员三百里，其中多马。湖水出焉，而北流注于河，其中多（王因）玉。

又西九十里，曰阳华之山，其阳多金玉，其阴多青雄黄，其草多（上艹下诸）口，多苦辛，其状如（木肃），其实如瓜，其味酸甘，食之已疟。杨水出焉，而西南流注于洛，其中多人鱼。门水出焉，而东北流注于河，其中多玄（石肃）。（乡昔）姑之水出于其阴，而东流注于门水，其上多铜墙铁壁。门水出于河，七百九十里入（名隹）水。凡缟（羊氏）山之首，自平逢之山至于阳华之山，凡十四山，七百九十里。岳在其中，以六月祭之，如诸岳之祠法，则天下安宁。

中次七经苦山之首，曰休口之山。其上有石焉，名曰帝台之棋，五色而文其状如鹑卵，帝台之石，所以祷百神者也，服之不蛊。有草焉，其状如蓍，赤叶而本生。名曰夙条，可以为口。

东三百里，曰鼓钟之山，帝台之所以觞百神也。有草焉，方茎而黄华，员叶击三成，其名曰焉酸，可以为毒。其上多砺，其下多砺。

又东二百里，曰姑口之山。帝女死焉，其名曰女尸，化为口草，其叶胥成，其华黄，其这关如菟丘，服之媚于人。

又东二十里，曰苦山，有兽焉，名曰黄棘，黄华而不实，名曰无条，服之不字。有草焉，员叶而无茎，赤华而不实，名曰无条，服之不癭。

又东二十七里，曰堵山，神天愚居之，是多怪风雨，其上有木焉，名曰天（木扁），方茎而葵状，服者不（左口右上西右下土）。

又东五十二里，曰放皋之山。明水出焉。南流注于伊水，其中多苍玉。有木焉，其叶如蜂，枝尾而反舌，善呼，其名曰文文。

又东五十七里，曰大（上非下古）之山，多（王雩）（王孚）之玉，多麋玉。有草焉，其状如榆，方茎而苍伤，其名曰牛伤，其根苍文，服者为厥，可以御兵。其阳狂水出焉，西南流注于伊水，其中多三足龟，食者无大疾，可以已肿。

又东七十里，曰半石之山。其上有草焉，生而秀，其高丈余曰嘉荣，服之者不霆。米需之水出于其阳，西流注于伊水，其中多（鱼仑）鱼，黑文，其状如鲋，食得不睡。合水出于其阴，而北流注于洛，多（左月右上关右下鱼）鱼，状如鳜，居逮，苍文赤尾，食者不痈，可以为瘘。

又东五十里，曰少室之山，百草木成囷啃Ｒ镀渖嫌心酒饕桑 髟坏垒＊五衢，黄华黑实，服者不怒。其上多玉，其下多铁。休水出焉，而北流注于洛，其中多&127；（鱼帝）鱼，状如口（虫隹）而长距，足白而对，食者无蛊疾，可以御兵。

又东三十里，曰泰室之山。其上有木焉，叶状如梨而赤理，其名曰（木有）木，服者不妒。有草焉，其状如（上廿下术），白华黑实，泽如（上廿下婴）（上廿下奥），其名曰囗草，服之不昧。上多美石。

又北三十里，曰讲山，其上多玉，多柘，多柏。有木焉，名曰帝屋，叶状如椒，反伤赤实，可以御凶。

又北三十里，曰婴梁之山，上多苍玉，（钅享）于玄石。又东三十里，曰浮戏之山。有木焉，叶状如（木雩）而赤实，名曰亢木，食之不蛊，氾水出焉，而北流注于河。其东有谷，因名曰蛇谷，上多少辛。

又东四十里,曰少陉之山。有草焉,名曰(上艹下冈)草,叶状如葵,而赤茎白华,实如(上艹下婴)(上艹下奥),食之不愚。器难之水出焉,而北流注于役水。

又东南十里,曰太山。有草焉,名曰梨,其叶状如口而赤华,可以已疽主水出于其阳,而东流注于役。

又东二十里,曰末山,上多赤金,末水出焉,北流注于役。

又东二十五里,曰役山,上多白金,多铁。役水出焉,北流注于河。

又东三十五里,曰敏山。上有木焉,其状如荆,白华而赤实,名曰蓟柏,服者不寒其阳多(王雩)(王孚)之玉。

又东三十里,曰大(马鬼)之山,其阴多铁、美玉、青垩。有草焉,其状如蓍而毛,青华而不实,其名曰(上艹下狼),服之不夭,可以为腹病。

凡苦山这首,自休舆之山至于大(马鬼)之山,凡十有九山,千一百八十四里。其十六神者,皆豕身而人面。其祠:毛(牛全)用一羊羞,婴用一藻玉瘗。苦山、少室、太室皆豕也,其祠之,太牢之具,婴以吉玉。其神状皆人面而三首。其余属皆豕身而人面也。

中次八经荆山之首,曰景山,其上多金玉,其木多杼檀。睢水出焉,东南流注于江,其中多丹粟,多文鱼。

东北百里,曰荆山,其阴多铁,其阳多赤金,其中多(左上未右上攵中厂下牛)牛,多豹虎,其木多松柏,其草多竹,多橘(木櫾)。漳水出焉,而东南流注于睢,其中多黄金,多鲛鱼，其兽多闾麋。

又东北百五十里，曰骄山，其上多玉，其下多青（镬钅换丹），其木多松柏，多桃枝钩端。神（上单左下虫右下虫）围处之，其状如人面。羊角虎爪，恒游于雎漳之渊，出入有光。

又东北百二十里，曰女几之山，其上多玉，其下多黄金，其兽多豹虎，多闾麋（上鹿下京）麂，其鸟多白（乔鸟），多翟，多鸩。

又东北二百里，曰宜诸之山，其上多金玉，其下多青（镬钅换丹）。（氵危）水出焉，而南流注于漳，其中多白玉。

又东北三百五十里，曰纶山，其木多梓（木丹），多桃枝，多（木且）栗橘（木櫾），其瘤多闾麂口（上召中比下大）。

又东北二百里，曰陆（危阝）之山，其上多（王雩）（王孚）之玉，其下多垩，其木多杻（左木加疆右边）。

又东百三十里，曰光山，其上多碧，其下多木。神计蒙处之，其状人身而龙首，恒游于漳渊，出入必有飘风暴雨。

又东北百五十里，曰岐山，其阳多赤金，其阴多白珉，其上多金玉，其下多青（镬钅换丹），其林多（木雩）。神涉（上单左下虫右下虫）处之，其状人身而方面三足。

又东百三十里，曰铜山，其上多金银铁，其木多楮柞杻粟橘口，其兽多（犭勺）。

又东北一百里，曰美山，其兽多野牛，多闾（上鹿下主），多豕鹿，其上多金，其下多青（左丹右上萑右下又）。

又东北百里，曰大尧之山，其木多松柏，多梓桑，多机，其草多竹，其兽多豹虎口（上召中比下大）。

又东北三百里，曰灵山，其上多金玉，其下多青（镂钅换丹），其木多桃李梅杏。

又东北七十里，曰龙山，上多寓木，其木多碧，其下多赤锡，其草多桃枝钩端。

又东南五十里，曰衡山，上多寓木榖柞，多黄垩白垩。

又东南七十里，曰石山，其上多金，其下多青（镂钅换丹），多寓木。

又南百二十里，曰若山，其上多（王雩）（王孚）玉，多赭，多（圭阝）石，多寓木，多柘。

又东南一百二十里，曰彘山，多美石，多柘。

又东南一百五十里，曰玉山，其上多金玉，其下多碧、铁，其木多柏。

又东南七十里，曰灌山，其木多檀，多（圭阝）石，多白锡。郁水出于其上，潜于其下，其中多砥砺。

又东北百五十里，曰仁举之山，其木多榖柞，其阳多赤金，其阴多赭。

又东五十里，曰师每之山，其阳多砥砺，其阴多青（镂钅换丹），其木多柏，多檀，多柘，其草多竹。

又东南二百里，曰琴鼓之山，其木多榖柞椒柘，其上多白珉，其下多洗石，其兽多豕鹿，多白犀，其鸟多鸩。

凡荆山之首，自景山至琴鼓之山，凡二十三山，二千八百九十里。其神状皆鸟身而人面。其祠：用一雄鸡祈瘗，用一藻圭，糈用（禾余）。骄山，冢也，其祠：用羞酒少牢祈瘞，婴毛一璧。

中次九经岷山之首，曰女几之山，其上多石涅，其木多杻（疆左边换木），其草多菊（上廿下术）。洛水出焉，东注于江，其中多雄黄，其兽多虎豹。

又东北三百里，曰岷山。江水出焉，东北流注于海，其中多良龟，多（上鱼下黾），其上多金玉，其下多白珉，其木多梅棠，其兽多犀象，多夔牛，其鸟多翰、（上敝下鸟）。

又东北一百四十里，曰崃山。江水出焉，东流注于江。其阳多黄金，其阴多麋（上鹿下主），其木多檀柘，其草多囗韭，多药、空夺。

又东一百五十里，曰（山居）山。江水出焉，东流注于大江，其中多怪蛇，多囗鱼，其木多（木獻）杻，多梅梓，其兽多夔牛、囗、（上召中比下大）、犀、兕。有鸟焉，状如（号鸟）而赤身白首，其名曰窃脂，可以御火。

又东三百里，曰高粱之山，其上多垩，其下多砥砺，其木多桃枝钩端。有草焉，状如葵而赤华、荚实、白（木付），可以走马。

又东四百里，曰蛇山，其上多黄金，其下多垩，其木多（木旬），多豫章，其草多嘉荣、少辛。有兽焉，其状如狐，而白尾长耳，名（犭也）狼，见则国内有兵。

又东五百里，曰鬲山，其阳多金，其阴多白珉。蒲鹂之水出焉，而东流注于江，其中多白玉，其兽多犀象熊罴，多（犭爱）（虫佳）。

又东北三百里，曰隅阳之山，其上多金玉，其下多青（镂钅换丹），其木多梓桑，其草多茈。徐水出焉，东流注于江，其中多丹粟。

又东二百五十里，曰岐山，其上多白金，其下多铁。其木多梅梓，多杻（木酉）。（氵咸）水出焉，东南流注于江。

又东三百里，曰勾（木尔）之山，其上多玉，其下多黄金，其木多栎柘，其草多芍药。

又东一百五十里，曰风雨之山，其上多白金，其下多石涅，其木多（木取）（木单），多杨。宣余之水出焉，东流注于江，其中多蛇，其兽多闾麋，多（上鹿下主）豹虎，其鸟多白（乔鸟）。

又东北二百里，曰玉山，其阳多铜，其阴多赤金，其木多豫章、囗、杻，其兽多豕鹿囗（上召中比下大），其鸟多鸩。

又东一百五十里，曰熊山。有空焉，熊之空，恒出神人。夏启而冬闭，是穴也，冬启乃必有兵。其上多白玉，其下多白金。其林多樗柳，其草多寇脱。

又东一百四十里，曰（马鬼）山，其阳多美玉赤金，其阴多铁，其木金桃枝荆芭。

又东二百里，曰葛山，其上多赤金，其下多（王咸）石，其木多（木且）栗橘（木鯀）（木酉）杻，其兽多囗（上召中比下大），其草多嘉荣。

又东一百七十里，曰贾超之山，其阳多黄垩，其阴多美赭，其木（木且）栗橘（木孫）（木酉）杻，其中多美㯷。

凡岷山之首，自女几山至于贾超之山，凡十六山，三千五百里。其神状皆马身而龙首。其祠：毛用一雄鸡瘗。糈用（禾余）。文山、勾（木尓）、风雨、（马鬼）之山，是皆冢也，其祠之：羞酒，少牢具，婴毛一吉玉。熊山，席也，其祠：羞酒，太牢具，婴毛一璧。干儛，用兵以禳；祈，（王加戮左边）冕舞。

中次经十经之首，曰首阳之山，其上多金玉，无草木。

又西五十里，曰虎尾之山，其木多椒㭯，多封石，其阳多赤金，其阴多铁。

又西南五十里，曰繁缋之山，其木多（木酉）杻，其草多枝勾。

又西南二十里，曰勇石之山，无草木，多白金，多木

又西二十里，曰复州之山，其木多檀，其阳多黄金。有鸟焉，其状如（号鸟），而一足彘尾，其名曰（足支）踵，见则其国大疫。

又西三十里，曰楮山，多寓木，多椒㭯，多柘，多垩。

又西二十里，曰又原之山，其阳多青（左丹右上萑右下又），其阴多铁，其鸟多（瞿鸟）鸹。

又西五十里，曰涿山，其木多谷柞杻，其阳多（王雩）（王孚）之玉。

又西七十里，曰丙山，其木多梓檀，多（弓欠）杻。

凡首阳山之首，自首山至于丙山，凡九山，二百六十七里。其神状皆龙身而人面。其祠之：毛用一雄鸡瘗，糈用五种之糈。

堵山，冢也，其祠之：少牢具，羞祠，婴毛一璧。（马鬼）山，帝也，其祠羞酒，太牢其巫祝二人儛，婴一璧。

中次一十一山经荆山之首，曰翼望之山。湍水出焉，东流注于济；见兄水出焉，东南流注于汉，其中多蛟。其上多松柏，其下多漆梓，其阳多赤金，其阴多珉。

又东北一百五十里，曰朝歌之山，（氵无）水出焉，东南流注于荥，其中多人鱼。其上多梓（木丹），其兽多（上鹿中雨下三口）麋。有草焉，名曰莽草，可以毒鱼。

又东南二百里，曰帝囷之山，其阳多（王雩）（王孚）之玉，其阴多铁。帝囷之水出于其上，潜于其下，多鸣蛇。又东南五十里，曰视山，其上多韭。有井焉，名曰天井，夏有水，冬竭。其上多桑，多美垩金玉。

又东南二百里，曰前山，其木多楮，多柏，其阳多金，其阴多赭。

又东南三百里，曰丰山。有兽焉，其状如（虫爰），赤目，赤喙，黄身，名曰雍和，见则国有大恐。神耕父处之，常游清泠之渊，出入有光，见则其国为败。有九钟焉，是知霜鸣。其上多金，其下多金，其下多谷柞杻口。

又东北八百里，曰兔床之山，其阳多铁，其木多（上廾下诸）口其草多鸡谷，其本如鸡卵，其味酸甘，食者利于人。

又东六十里，曰皮山，多垩，多赭，其木多松柏。

又东六十里，曰瑶碧之山，其木多梓（木丹），其阴多青（镬钅换丹），其阳多白金。有鸟焉，其状如雉，恒食蜚，名曰鸩。

又东四十里，曰支离之山。济水出焉，南流注于汉。有鸟焉，其名曰婴勺，其状如鹊，赤目、赤喙、白身，其尾若勺，共鸣自呼。多（牛乍）牛，多（羊咸）羊。

又东北五十里，曰秩（上竹下周）之山，其上多松柏机柏。

又西北一百里，曰堇理之山，其上多松柏，多美梓，其阴多丹（镬钅换丹），多金，其兽多豹虎。有鸟焉，其状如鹊，青身白喙，白目白尾，名曰青耕，可以御疫，其鸣自叫。

又东南三十里，曰依轱之山，其上多杻口，多苴。有兽焉，其状如犬，虎爪有甲，其名曰（麟鹿换犭），善（马央）（上分下牛），食者不风。

又东南三十五里，曰即谷之山，多美玉，多玄豹，多闾（上鹿下主），多（上鹿中雨下三口）（上召中比下大）。其阴多珉，其阴多青（镬钅换丹）。

又东南四十里，曰鸡山，其上多美梓，多桑，其草多韭。

又东南五十里，曰高前之山，其上有水焉，甚寒而清，帝台之浆也，饮之者不心痛。其上有金，其下有赭。

又东南三十里，曰游戏之山，多杻（僵亻换木）谷，多玉，多封石。

又东南三十五里，曰从山，其上多松柏，其下多竹。从水出于其上，潜于其下，其中多三足鳖，枝尾，食之无蛊疫。

又东南三十里，曰婴（左石右上西右下土），其上多松柏，其下多梓（木熏）。

又东南三十里，曰毕山。帝苑之水出焉，东北流注于视，其中多水玉，多蛟。其上多（王雩）（王孚）之玉。

又东南二十里，曰乐马之山。有兽焉，其状如口（音汇，猬的意思），赤如丹火，其名曰（犭戾），见则其国大疫。

又东南二十五里，曰（上廿下咸）山，视水出焉，东南流注于汝水，其中多人鱼，多蛟，多颉。

又东四十里，曰婴山，其下多青（镬钅换丹），其上多金玉。

又东三十里，曰虎首之山，多苴（木周）椐。

又东二十里，曰婴侯之山，其上多封石，其下多赤锡。

又东五十里，曰大孰之山。杀水出焉，东北流注于视水，其中多白垩。

又东四十里，曰卑山，其上多桃李苴梓，多（儴去亻）。*

又东三十里，曰倚帝之山，其上多玉，其下多金。有兽焉，状如（鼠犬）鼠，白耳白喙，名曰狙如，见则其国有大兵。

又东三十里，曰鲵山，鲵水出于其上，潜于其下，其中多美垩。其上多金，其下多青（镬钅换丹）。

又东三十里，曰雅山。澧水出焉，东流注于视水，其中有大鱼。其上多美桑，其下多苴，多赤金。

又东五十五里，曰宣山。沦水出焉，东南流注于视水，其中多蛟。其上有桑焉，大五十尺，其枝四衢，其叶大尺余，赤理黄华青（木付），名曰帝女之桑。

又东四十五里，曰衡山，其上多青（镬钅换丹），多桑，其鸟多（瞿鸟）鸽。

又东四十里，曰丰山，其上多封石，其木多桑，多羊桃，状如桃而方茎，可以为皮张。

又东七十里，曰妪山，其上多美玉，其下多金，其草多鸡谷。

又东三十里，曰鲜山，其木多（木酉）杻苴，其草多䔄冬，其阳多金，其阴多铁。有兽焉，其状如膜大，赤喙、赤目、白尾，见则其邑有火，名曰（犭多）即。

又东三十里，曰章山，其阳多美玉。皋水出焉，东流注于澧水，其中多（月色）石。

又东二十五里，曰大支之山，其阳多金，其木多谷柞，无草木。

又东五十里，曰区吴之山，其木多苴。

又东五十里，曰声匈之山，其木多楮，多玉，上多封石。

又东五十里，曰大（马鬼）之山，其阳多赤金，其阴多砥石。

又东十里，曰踵臼之山，无草木。

又东北七十里，曰历石之山，其木多荆芑，其阳多黄金。其阴多砥石。有兽焉，其状如狸，而白首虎爪，名曰梁渠，见则其国有大兵。

又东南一百里，曰求山。求水出于其上，潜于其下，中有美赭。其木多苴，多（上竹下媚）。其阳多金，其阴多铁。

又东二百里，曰丑阳之山，其上多（木周）椐。有鸟焉，其状如乌而赤足，名曰（鸟只）（鸟余），可以御火。

又东三百里，曰奥山，其上多柏杻（僵亻换木），其阳多（王雩)(王孚)之玉。奥水出焉,东流注于视水。

又东三十五里,曰服山,其木多苴,其上多封石,其下多赤锡。

又东百十里,曰杳山,其上多嘉荣草,多金玉。

又东三百五十里,曰几山,其木多(木酉)(僵亻换木)杻,其草多香。有兽焉,其状如彘,黄身、白头、白尾,名曰闻(麟鹿换犭),见则天下大风。

凡荆山之首,自翼望之山至于几山,凡四十八山,三千七百三十二里。其神状皆彘身人首。其祠:毛用一雄鸡祈瘗,用一(王圭),糈用五种之精。禾山,帝也,其祠:太牢之具,羞瘗,倒毛;用一璧,牛无常。堵山、玉山,冢也,皆倒祠,羞毛少牢,婴毛吉玉。

中次十二经洞庭山首,曰篇遇之山,无草木,多黄金。

又东南五十里,曰云山,无草木。有桂竹,甚毒,伤人必死,其上多黄金,其下多(王雩)(王孚)之玉。

又东南一百三十里,曰龟山,其木多谷柞(木周)椐,其上多黄金,其下多青雄黄,多扶竹。

又东七十里,曰丙山,多(上竹下圭)竹,多黄金铜铁,无木。

又东南五十里,曰凤伯之山,其上多金玉,其下多口石文石,多铁,其木多柳杻、檀楮。其东有林焉,曰莽浮之林,美木鸟兽。

又东一百五十里,曰夫夫之山,其上多黄金,其下多青雄黄，其木多桑楮，其草多竹、鸡鼓。神于儿居之，其状人身而身操两蛇，常游于江渊，出入有光。

又东南一百十里，曰洞庭之山，其上多黄金，其下多银铁，其木多（木且）梨橘（木櫾），其草多口（音间，兰草古称）、（上艹下麋）芜、芍药、芎（上艹下穷）。帝之二女居之，是常游于江渊。澧沅之风，交潇湘之渊，是在九江之间，出入必以飘风暴雨，是多怪神，状如人而载蛇。

又东南一百八十里，曰暴山，其木多棕（木丹）荆芑竹箭（上竹下媚）菌，其上多黄金玉，其下多文石铁，其兽多麋鹿（上鹿下旨）就。

又东南二百里，曰即公之山，其上多黄金，其下多（王雩）（王孚）之玉，其木多柳杻檀桑。有兽焉，其状如龟，而白身赤首，名曰蟻，是可以御火。

又东南一百五十里，曰尧山，其阴多黄垩，其阳多黄金，其木多荆芑柳檀，其草多（上艹下诸）口（上艹下术）。

又东南一百里，曰江浮之山，其上多银砥砺，无草木，其兽多豕鹿。

又东二百里，曰真陵之山，其上多黄金，其下多玉，其木多谷柞柳杻，其草多荣草。

又东南一百二十里，曰阳帝之山，多美铜，其木多（僵亻换木）杻楮，其兽多（上鹿中雨下三口）麝。

又南九十里，曰柴桑之山，其上多银，其下多碧，多泠石赭，其木多芑，其虫多怪蛇怪虫。

凡洞庭山之首，自篇遇之山至于荣余之山，凡十万山，二千八百里。其神状皆鸟身而龙首。其祠：毛用一雄鸡、一牝豚刮，糈用（禾余）。凡夫夫之山、即公之山，尧山、阳帝之山皆冢也，其祠：皆肆瘗，祈用酒，毛用少牢，婴毛一吉玉。洞庭、荣余山神也，其祠：皆肆瘗，祈酒太牢祠，婴用圭璧十五，五采惠之。

右中经之山志，大凡百九十七山，二万一千三百七十一里。

大凡天下名山五千三百七十，居地，大凡六万四千五十六里。

禹曰：天下名山，经五千三百七十山，六万四千五十六里，居地也。言其《五臧》，盖其余小山甚众，不足记云。天地之东西二万八千里，南北二万六千里，出水之山者八千里，受水者八千里，出铜之山四百六十七，出铁之山三千六百九十。此在地之m所分壤树谷也，戈矛之所发也，刀铩之所起也，能者有余，拙者不足。封于太山，禅于梁父，七十二家，得失之数，皆在此内，是谓国用。

右《五臧山经》五篇，大凡一万五千五百三字。

海外南经

地之所载，六合之间，四海之内，照之以日月，经之以星辰，纪之以四时，要之以太岁，神灵所生，其物异形，或天或寿，唯圣人能通其道。

海外自西南陬至东南陬者。

结匈国在其西南，其为人结匈。

南山在其东南。自此山来，虫为蛇，蛇号为鱼。一曰南山在结匈东南。

比翼鸟在其东，其为鸟青、赤，两鸟比翼。一曰在南山东。

羽民国在其东南，其为人长，身生羽。一曰在比翼鸟东南，其为人长颊。

有神人二八，连臂，为帝司夜于此野。在羽民东。其为小人颊赤肩。尽十六人。

毕方鸟在其东，青水西，其为鸟人面一脚。一曰在二八神东。

（灌氵换讠）头国在其南，其为人人面有翼，鸟喙，方捕鱼。一曰在毕方东。或曰（灌氵换讠）朱国。

厌火国在其国南，兽身黑色。生火出其口中。一曰在（灌氵换讠）朱东。

三株树在厌火北，生赤水上，其为树如柏，叶皆为珠。一曰其为树若彗。

三苗国在赤水东，其为人相随。一曰三毛国。

（载车换至）国在其东，其为人黄，能操弓射蛇。一曰（载车换至）国在三毛东。

贯匈国在其东，其为人匈有窍。一曰在（载车换至）国东。

交胫国在其东，其为大交胫。一曰在穿匈东。

不死民在其东，其为人黑色，寿，不死。一曰在穿匈国东。

歧舌国在其东。一曰在不死民东。

昆仑虚在其东，虚四方。一曰在歧舌东，为虚四方。

羿与凿齿战于寿华之野，羿射杀之。在昆仑虚东。羿持弓矢，凿齿持盾。一曰戈。

三首国在其东，其为人一身三首。

周饶国在东，其为人短小，冠带。一曰周饶国在三首东。

长臂国在其东，捕鱼水中，两手保操一鱼。一曰在周饶东，捕鱼海中。

狄山，帝尧葬于阳，帝喾葬于阴。爰有熊、罴、文虎、（虫隹）、豹、离朱、视肉；吁咽、文王皆葬其所。一曰汤山。一曰爰有熊、罴、文虎、（虫隹）、豹、离朱、（丘鸟）久、视肉、（上虍下乎）交。

其范林方三百里。

南祝融，兽身人面，乘两龙。

海外西经

海外自西南陬西北陬者。

灭蒙鸟在结匈国北，为鸟青，赤尾。

大运山高三百仞，在灭蒙鸟北。

大乐之野，夏后启于此儛九代，乘两龙，云盖三层。左手操翳，右手操环，佩玉璜。在大运山北。一曰大遗之野。

三身国在夏后启北，一首而三身。

一臂国在其北，一臂、一目、鼻孔。有黄马虎文，一目而一手。

奇肱之国在其北。其人一臂三目，有阴有阳，乘文马。有鸟焉，两头，赤黄色，在其旁。

形天与帝至此争神，帝断其首，葬之常羊之山。乃以乳为目，以脐为口，操干戚以舞。

女祭、女戚在其北，居两水间，戚操鱼（鱼旦），祭操俎。

（上次下鸟）鸟、（詹鸟），其色青黄，所经国亡。在女祭北。（上次下鸟）鸟人面。居山上。一曰维鸟，青鸟、黄鸟所巢。

丈夫国在维鸟北，其为人衣冠带剑。

女丑之尸，生而十日炙杀之。在丈夫北。以右手鄣其面。十日居之，女丑居山之山。

巫咸国在女丑北，右手操青蛇，左手操赤蛇。在登葆山，群巫所从上下也。

并封在巫咸东，其状如彘，前后皆有首，黑。

女子国在巫咸北，两女子居，水周之。一曰居一门中。

轩辕之国在此穷山之际，其不寿者八百岁。在女子国北。人面蛇身，尾交首上。

穷山在其北，不敢西射，畏轩辕之丘。在轩辕国北。其丘方，四蛇盯绕。

此诸夭之野，鸾鸟自歌，凤鸟自舞皇卵，民食之；甘露，民饮之：所欲自从也。百兽相与群居。在四蛇北。其人两手操卵食之，两鸟居前导之。

龙鱼陵居在其北，状如狸。一曰（鱼段）。即有神圣乘此以行九野。一曰鳖鱼在夭野北，其为鱼也如鲤。

白民之国在龙鱼北，白身披发。有乘黄，其状如狐，其背上有角，乘之寿二千岁。

肃慎之国在白民北。有树名曰雄常，先入伐帝，于此取之。

长股之国在雄常北，披发。一曰长脚。

西方蓐收，左耳有蛇，乘两龙。

海外北经

海外自东北陬至西北陬者。

无（綮糹换月）之国在长股东，为人无（綮糹换月）。

钟山之神，名曰烛阴，视为昼，瞑为夜，吹为冬，呼为夏，不饮，不食，不息，息为风。身长千里。在无（綮糹换月）之东。其为物，人面，蛇身，赤色，居钟山下。

一目国在其东，一目中其面而居。一曰有手足。

柔利国在一目东，为人一手一足，反（左上木左下佘右阝），曲足居上。一云留利之国，人足反折。

共工之臣曰相柳氏，九首，以食于九山。相柳之所抵，厥为泽溪。禹相柳，其血腥，不可以树五谷种。禹厥之，三仞三沮，乃以为众帝之台。在昆仑之北，柔利之东。相柳者，九首人面，蛇身面青。不敢北射，畏共工之台。台在其东。台四方，隅有一蛇，虎色，首冲南方。

深目国在其东，为人举一手一目。

无肠之国在深目东，其为人长而无肠。聂耳之国在无肠国东，使两文虎，为人两手聂其耳。县居海水中，及水所出入奇物。两虎在其东。

夸父与日逐走，入日。渴欲得饮，饮于河渭，河渭不足，北饮大泽。未至，道渴而死。弃其杖。化为邓林。

博父国在聂耳东，其为人大，右手操青蛇，左手操黄蛇。邓林在其东，二树木。一曰博父。

禹所积石之山在其东，河水所入。

拘缨之国在其东，一手把缨。一曰利缨之国。

寻木长千里，在拘缨南，生河上西北。

（足支）踵国在拘缨东，其为人大，两足亦大。一曰大踵。

欧丝之野大踵东，一女子跪据树欧丝。

三桑无枝，在欧丝东，其木长百仞，无枝。

范林方三百里，在三桑东，洲环其下。

务隅之山，帝颛顼葬于阳，九嫔葬于阴。一曰爰有熊、罴、文虎、离朱、（丘鸟）久、视肉。

平丘在三桑东。爰有遗玉、青鸟、视肉、杨柳、甘（木且）、甘华，百果所生。有两山夹上谷，二大丘居中，名曰平丘。

北海内有兽，其状如马，名曰（马䓖）（马余）。有兽焉，其名曰（马交），状如白马，锯牙，食虎豹。有素兽焉，状如马，名曰蛩蛩。有青兽焉，状如虎，我曰罗罗。

北方禺强，人面鸟身，珥两青蛇。践两青蛇。

海外东经

海外自东南陬至东北陬者。

（长差）丘，爰有遗玉、青马、视肉、杨柳、甘华。甘果所生，在东海。两山夹丘，上有树木。一曰嗟丘。一曰百果所在，在尧葬东。

大人国在其北，为人大，坐而削船。一曰在（长差）丘北。

奢比尸国在其北，兽身、人面、大耳，珥两青蛇。一曰肝榆之尸在大人北。

君子国在其北，衣冠带剑，食兽，使二大虎在旁，其人好让不争。有薰华草，朝生夕死。一曰在肝榆之尸北。

（上工下虫）（上工下虫）在其北，各有两首。一曰在君子国北。

朝阳之谷，神曰天吴，是为水伯。在（上工下虫）（上工下虫）北两水间。其为兽也，八首人面，八足八尾，皆青黄。

青丘国在其北，其狐四足九尾。一曰在朝阳北。

帝命竖亥步，自东极至于西极，五亿十选九千八百步。竖亥右手把算，左手指青丘北。一曰禹令竖亥。一曰五亿十万九千八百步。

黑齿国在其北，为人黑，食稻啖蛇，一赤一青，在其旁。一曰在竖亥北，为人黑首，食稻使蛇，其一蛇赤。

下有汤谷。汤谷上有扶桑，十日所浴，在黑齿北。居水中，有大木，九日居下枝，一日居上枝。

雨师妾在其北。其为人黑，两手各操一蛇，左耳有青蛇，右耳有赤蛇。一曰在十日北，为人黑身人面，各操一龟。

玄股之国在其北。其为人衣鱼食，使两鸟夹之。一曰在雨师妾北。

毛民之国在其北，为人身生毛。一曰在玄股北。

劳民国在其北，其为人黑。或曰教民。一曰在毛民北，为人面目手足尽黑。

东方句芒，鸟身人面，乘两龙。

建平元年四月丙戌，待诏太常属臣望校治，侍中光禄勋臣龚，侍中奉车都尉光禄大夫臣秀领主省。

海内南经

海内东南陬以西者。

瓯居海中。闽在海中，其西北有山。一曰闽中山在海中。

三天子鄣山在闽西海北。一曰在海中。

桂林八树在番隅东。

伯虑国、离耳国、雕题国、北朐国皆在郁水南。郁水出湘陵南海。一曰相虑。

枭阳国在北朐之西。其为人人面长唇，黑身有毛，反踵，见人笑亦笑手操管。

兕在舜葬东，湘水南。其状如牛，苍黑，一角。

苍梧之山，帝舜葬于阳，帝丹朱葬于阴。

泛林方三百里，在东。

狌狌知人名，其为兽如豕而人面，在舜葬西。

狌狌西北有犀牛，其状如牛而黑。

夏后启之臣曰孟涂，是司神于巴。人请讼于孟涂之所，其衣有血者乃执之。是请生，在丹山西。丹山在丹阳南，丹阳居属也。

（上穴下契）窫龙首，居弱水中，在狌狌知人名之西，其状如龙首，食人。

有木，其状如牛，引之有皮，若缨、黄蛇。其叶如罗，其实如栾，其木若（上廿下区），其名曰建木。在窫西弱水上。

氐人国在建木西，其为人人面而鱼身，无足。

巴蛇食象，三岁而出其骨，君子服之，无心腹之疾。其为蛇青赤黑。一曰黑蛇青首，在犀牛西。

旄马，其状如马，四节有毛。在巴蛇西北，高山南。

匈奴、开题之国。列人之国并在西北。

海内西经

海内西南陬以北者。

贰负之臣曰危,危与贰负杀口(上穴下契)窳。帝乃梏之疏属之山,桎其右足,反缚两手与发,系之山上木。在开题西北。

大泽方百里,群鸟所生及所解。在雁门北。

雁门山,雁出其间。在氐国西。

高柳在代北。

后稷之葬,山水环之。在氐国西。

流黄酆氏之国,中方三百里;有涂四方,中有山。在后稷葬西。

流沙出钟山,西行又南行昆仑之虚,西南入海,黑水之山。

东胡在大泽东。

夷人在东胡东。

貊国在汉水东北。地近于燕,灭之。

孟鸟在貊国东北。其鸟文赤、黄、青,东乡。

海内昆仑之虚,在西北,帝之下都。昆仑之虚,方八百里,高万仞。上有木禾,长五寻,大五围。而有九井,以玉为槛。面有九门,门有开明兽守之,百神之所在。在八隅之岩,赤水之际,非仁羿莫能上冈之岩。

赤水出东南隅,以行其东北。

河水出东北隅，以行其北，西南又入渤海，又出海外，即西而北，入禹所导积石山。

洋水、黑水出西北隅，以东，东行，又东北，南入海，羽民南。

弱水、青水出西南隅，以东，又北，又西南，过毕方鸟东。

昆仑南渊深三百仞。开明兽身大类虎而九首，皆人面，东向立昆仑上。

开明西有凤凰、鸾鸟，皆戴蛇践蛇，膺有赤蛇。

开明北有视肉、珠树、文玉树、口（王干）琪树、不死树。凤凰、鸾鸟皆戴（拔扌换盾）。又有离朱、木禾、柏树、甘水、圣木曼兑，一曰挺木牙交。

开明东有巫彭、巫抵、巫阳、巫履、巫凡、巫相，夹（上穴下契）窳之尸，皆操不死之药以距之。（上穴下契）窳者，蛇身人面，贰负臣所杀也。

服常树，其上有三头人，伺琅（王干）树。

开明南有树鸟，六首；蛟、蝮、蛇、（虫隹）、豹、鸟秩树，于表池树木，诵鸟、（隼鸟）视肉。

海内北经

海内西北陬以东者。

蛇巫之山，上有人操（木丕）而东向立。一曰龟山。

西王母梯几而戴胜杖。其南有三青鸟，为西王母取食。在昆仑虚北。

有人曰大行伯，把戈。其东有犬封国。贰负之尸在大行伯东。

犬封国曰大戎国，状如犬。有一女子，方跪进（木丕）食。有文马，缟身朱（鬣吉换鼠），目若黄金，名曰吉量，乘之寿千岁。

鬼国在贰负之尸北，为物人面而一目。一曰贰负神在其东，为物人而蛇身。

犬如犬，青，食人从首始。

穷奇状如虎，有翼，食人从首始。所食被发。在犬北。一曰从足。

帝尧台、帝喾台、帝丹朱台、帝舜台，各二台，台四方，在昆仑东北。

大蜂，其状如螽；朱蛾，其状如蛾。

（虫乔），其为人虎文，胫有（䋣糸换月）。在穷奇东。一曰状如人，昆仑虚北所有。

（外门内上日内下羽）非，人面而兽身，青色。

据比之尸，其为人折颈披发，无一手。

环狗，其为人兽首人身。一曰（虫胃）状如狗，黄色。

袜，其为物，人身黑首从目。

戎，其为人，人首三角。

林氏国有珍兽，大若虎，五采毕具，尾长于身，名曰驺吾，乘之日行千里。

昆仑虚南所，有泛林方三百里。

从极之渊深三百仞，维冰夷恒都焉，，冰夷人面，乘两龙。一曰忠极之渊。

阳汗之山，河山其中，凌门之山，河出其中。

王子夜之尸，两手、两股、胸、首、齿，皆断异处。

舜夷登比氏生宵明、烛光，处河大泽，二女之灵能照此所方百里。一曰登北氏。

盖国在钜燕南，倭北。倭属燕。

朝鲜在列阳东，海北山南。列阳属燕。

列姑射在海河州中。

射姑国在海中，属列姑射。西南，山环之。

大蟹在海中。

陵鱼人面，手足，鱼身，在海中。大（鱼便）居海中。

明组邑居海中。逢莱山在海中。大人之市在海中。

海内东经

海内东北陬以南者。

钜燕在东北陬。

国在流沙中者（土享）端、玺（日矢），在昆仑虚东南。一曰海内之郡，不为郡县，在流沙中。

国在流沙外者，大夏、竖沙、居繇、月支之国。

西胡白玉山在大夏东，苍梧在白玉山西南，皆在流沙西，昆仑虚东南。昆仑山在西胡西。皆在西北。

雷泽中有雷神，龙首而人头，鼓其腹。在吴西。

都州在海中。一曰郁州。

琅邪台在渤海间，琅邪之东。其北有山，一曰在海间。

韩雁在海中，都州南。

始鸠在海中，辕厉南。

会稽山在大楚南。

岷三江，首大江出汶山，北江出曼山，南江出高山。高山在城都西，入海，在长州南。浙江出三天子都，在其东。在闽西北，入海，余暨南。庐江出三天子都，入江，彭泽西。一曰天子鄣。淮水出余山，余山在朝阳东，义乡西。入海，淮浦北。湘水出舜葬东南陬，西环之。入洞庭下。一曰东南西泽。汉水出鲋鱼之山，帝颛顼葬于阳，九嫔葬阴，西蛇卫之。（氵蒙）水出汉阳西，入江，聂耳西。温水出崆峒山，在临汾南，入河华阳北。颖水出少室，少室山在雍氏南，入淮西鄢北。一曰缑氏。汝水出天息山，在梁勉乡西南，入淮极西北。一曰淮在期思北。泾水出长城北山，山在郁郅长垣北，北入渭。戏北。渭水出鸟鼠同穴山，东注河，入华阴北。白水出蜀，而东南注江，入江州城下。沅水山出像郡镡城西，入东注江，入下隽西，合洞庭中。赣水出聂都东山，东北注江，入彭泽西。泗水出鲁东北，而南，西南过湖陵西，而东南注东海，入淮阴北。郁水出象郡，而西南注南海，入须陵东南。肄水出临晋西南，而东南注海，入番禺西。潢水出桂阳西北山，东南注肄水，入敦浦西。洛水出洛西山，东北注河，入成皋之西。汾之出上窳北，而西南注河，入皮氏南。沁水出井陉山东，东南注河，入怀东南。济水出共山南东丘，绝钜鹿泽，注渤海，入潦阳。（上虍下乎）沱水出晋阳城南，而西至阳曲北，而东注渤海，入越章武北。漳水出山阳东，东注渤海，入章武南。

大荒东经

东海之外大壑，少昊之国。少昊孺帝颛顼于此，弃其琴瑟。

有甘山者，甘水出焉，生甘渊。

大荒东南隅有，名皮母地丘。

东海之外，大荒之中，有山名曰大言，日月所出。

有波谷山者，有大人之国。有大人之市，名曰大人之堂。有一大人（俊扌换足）其上，张其两耳。

有小人国，名靖人。

有神，人面兽身，名曰（黎余换牛）。

有（橘木换氵）山，杨水出焉。

有（上卄下为）国，黍食，使四鸟：虎、豹、熊、羆。

大荒之中，有山名曰合虚，日月所出。

有中容之国。帝俊生中容，中容人食兽、木实，使四鸟：

豹、虎、熊、罴。

有东口之山。有君子之国，其人衣冠带剑。

有司幽之国。帝俊生晏龙，晏龙生司幽，司幽生思土，不妻；思女，不夫。食黍，食兽，是使四鸟。

有大阿之山者。

大荒中有山，名曰明星，日月所出。

有白民之国。帝俊生帝鸿，帝鸿生白民，白民销姓，黍食，使四鸟：豹、虎、熊、罴。

有青丘之国，有狐，九尾。

有柔仆民，是维嬴土之国。

有黑齿之国。帝俊生黑齿，姜姓，口食，使四鸟。

有夏州之国。有盖余之国。

有神人，八首人面，虎身十尾，名曰天吴。

大荒之中，有山名曰鞠陵于天、东极、离瞀，日月所出。名曰折丹——东方曰折，来风曰俊——处东极以出入风。

东海之渚中，有神，人面鸟身，珥两黄蛇，践两黄蛇，名曰禺（豸虎）。黄帝生禺（豸虎），禺（豸虎）生禺京。禺京处北海，禺（豸虎）处东海，是惟海神。

有招摇山，融水出焉。有国曰玄股，黍食，使四鸟。

有困民国，勾姓而食。有人曰王亥，两手操鸟，方食其头。王亥托于有易、河伯仆牛。有易潜出，为国于兽，方食之，名曰摇民。帝舜生戏，戏生摇民。

海内有两人，名曰女丑。女丑有大蟹。

大荒之中，有山名曰孽摇（君页）羝。上有扶木，柱三百里，其叶如芥。有谷曰温源谷。汤谷上有扶木，一曰方至，一曰方出，皆载于乌。

有神，人面、犬耳、兽身，珥两青蛇，名曰奢比尸。

有五采之鸟，相乡弃沙。惟帝俊下友。帝下两坛，采鸟是司。

大荒之中，有山名曰猗天苏山，日月所生。

有（土熏）民之国。有綦山。又有摇山。有（融虫换曾）山，又有门户山，又有盛山。又有待山。有五采之鸟。

东荒之中，有山名曰壑明俊疾，日月所出。有中容之国。

东北海中，又有三青马、三骓、甘华。爰有遗玉、三青鸟、三骓、视肉、甘华、甘（木且）。百谷所在。

有女和月母之国。有人名曰（上鸟下宛）——北方曰（上鸟下宛），来之风曰（犭炎）——是处东极隅以止日月，使无相间出没，司其短长。

大荒东北隅中，有山名曰凶犁土丘。应龙处南极，杀（嗤去口）尤与夸父，不得复上，故下数旱。旱而为应龙之状，乃得大雨。

东海中有流波山，入海七千里。其上有兽，状如牛，苍身而无角，一足，出入水则必风雨，其光如日月，其声如雷，其名曰夔。黄帝得之，以其皮为鼓，橛以雷兽之骨，声闻五百里，以威天下。

大荒南经

南海之外，赤水之西，流沙之东，有兽，左右有首，名曰（足术）踢。有三青兽相并，名曰双双。

有阿山者。南海之中，有泛天之山，赤水穷焉。赤水之东，有苍梧之野，舜与叔均之所葬也。爰有文贝、离俞、（丘鸟）久、鹰、贾、委维、熊、罴、象、虎、豹、狼、视肉。

有荣山、荣水出焉。黑水之南，有玄蛇，食（上鹿下主）。

有巫山者，西行黄鸟。帝药，八斋。黄鸟于巫山，司此玄蛇。

大荒之中，有不庭之山，荣水穷焉。有人三身，帝俊妻娥皇，生此三身之国，姚姓，黍食，使四鸟。有渊四方，四隅皆送，北属黑水，南属大荒。北旁名曰少和之渊，南旁名曰从渊，舜之所浴也。

又有成山，甘水穷焉。有季禺之国，颛顼之子，食黍。有羽民之国，其民皆生毛羽。有卵之国，其民皆生卵。

大荒之中，有不姜之山，黑水穷焉。又有贾山，汔水出焉。又有言山。又有登备之山。有恝恝之山。又有蒲山，澧水出焉。又有隗山，其西有丹，其东有玉。又南有山，漂水出焉。有尾山。有翠山。

有盈民之国，於姓，黍食。又有人方食木叶。

有不死之国，阿姓，甘木是食。

大荒之中，有山名曰去（外厂内至）。南极果，北不成，去（外厂内至）果。

南海渚中，有神，人面，珥两青蛇，践两赤蛇，曰不廷胡余。

有神名曰因因乎——南方曰因乎，夸风曰乎民——处南极以出入风。

有襄山。又有重阴之山。有人食兽，曰季厘。帝俊生季厘，故曰季厘之国。有缗渊。少昊生倍伐降处缗渊。有水四方，名曰俊坛。

有（载车换至）民之国。帝舜生无淫，降（载车换至）处，是谓巫（载车换至）民。巫（载车换至）民盼姓，食谷，不绩不经，服也；不稼不穑，食也。爰歌舞之鸟，鸾鸟自歌，凤鸟自舞。爰有百兽，相群爰处。百谷所聚。

大荒之中，有山名曰融天，海水南入焉。

有人曰凿齿，有蜮山者，有蜮民之国，桑姓，食黍，射蜮是食。有人方（才干）弓射黄蛇，名曰蜮人。

有宋山者，有赤蛇，名曰育蛇。有木生山上，名曰枫木。枫木，（蚩去口）尤所弃其桎梏，是为枫木。

有人方齿虎尾，名曰祖状之尸。

有小人，名曰焦侥之国，几姓，嘉谷是食。

大荒之中，有山名（朽木换歹）涂之山，青水穷焉。有云雨之山，有木名曰栾。禹攻云雨。有赤石焉生栾，黄本，赤枝，青叶，群帝焉取药。

有国曰颛顼，生伯服，食黍。有鼬姓之国。有苕山。又有宗山。又有姓山，又有壑山。又有陈州山，又有东州山。又有白水山，白水出焉，而生白渊，昆吾之师所浴也。

有人名曰张宏，在海上捕鱼。海中有张宏之国，食鱼，使四鸟。

有人焉，鸟喙，有翼，方捕鱼于海。大荒之中，有人名曰（灌氵换马）头。鲧妻士敬，士敬子曰琰融，生（灌氵换马）头。头人面鸟喙，有翼，食海中鱼，杖翼而行。维宜芑苣，（僮亻换禾）是食。有（灌氵换马）头之国。

帝尧、帝喾、帝舜葬于岳山。爰有文贝、离俞、（丘鸟）久、鹰、廷维、视肉、熊、罴、虎、豹；朱木、青华，玄实。有申山者。

大荒之中，有山名曰天台高山，海水入焉。

东南海之外，甘水之间，有羲和之国，有女子名曰羲和，方日浴于甘渊。羲和者，帝俊之妻，生十日。

有盖犹之山者，其上有甘（木且），枝干皆赤，黄叶，白华，黑实。东又有甘华，枝干皆赤，黄叶。有青马，有赤马，名曰三骓。有视肉。

有小人，名曰菌人。

有南类之山。爰有遗玉、青马、三骓、视肉、甘华。百谷所在。

大荒西经

西北海之外，大荒之隅，有山而不合，名曰不周负子，有两黄兽守之。有水曰寒署之水。水西有湿山，水东有幕山。有禹攻共工国山。

有国名曰淑士，颛顼之子。

有神十人，名曰女娲之肠，化为神，处栗广之野；横道而处。

有人名曰石夷，来风曰韦，处西北隅以司日月之长短。

有五采之鸟，有冠，名曰狂鸟。

有大泽之长山。有白氏之国。

西北海之外，赤水东，有长胫之国。

有西周之国，姬姓，食谷。有人方耕，名曰叔均。帝俊生后稷，稷降以谷。稷之曰台玺，生叔均。叔均是代其父及稷播百谷，始作耕。有赤国妻氏。有双山。

西海之外，大荒之中，有方山者，上有青树，名曰柜格之松，日月所出入也。

西北海之外，赤水之西，有先民之国，食谷，使四鸟。

有北狄之国。黄帝之孙曰始均，始均生北狄。

有芒山。有桂山。有（摇才换木）山，其上有人，号曰太子长琴。颛顼生老童，老童生祝融，祝融生太子长琴，是处（摇才换木）山，始作乐风。

有五采鸟三名：一曰皇鸟，一曰鸾鸟，一曰凤鸟。

有虫状如菟，胸以后者裸不见，青如（犭爰）状。

大荒之中，有山名曰丰沮玉门，日月所入。

有灵山，巫咸、巫即、巫盼、巫彭、巫姑、巫真、巫礼、巫抵、巫谢、巫罗十巫，从此升降，百药爰在。

西有王母之山，壑山、海山。有沃之国，沃民是处。沃之野，凤鸟之卵是食，甘露是饮。凡其所欲其味尽存。爰有甘华、璇瑰、甘（木且）、瑶碧、白木、白柳、视肉、琅（王干）、白丹、青丹、多银铁。鸾凤自歌，凤鸟自舞，爰有百兽，相群是处，是谓沃之野。

有三青鸟，赤首黑目，一名曰大（黎佘换鸟），一曰少（黎佘换鸟），一名曰青鸟。

有轩辕之台，射者不敢西向射，畏轩辕之台。

大荒之中，有龙山，日月所入。有三泽水，名曰三淖，昆吾之所食也。

有人衣青，以袂蔽面，名曰女丑之尸。

有女子之国。

有桃山。有（上亡下虫）山。有桂山。有于土山。

有丈夫之国。

有（上合下廾）州之国，五采之鸟仰天，名曰鸣鸟。爰有百乐歌舞之凤。

有轩辕之国。江山之南栖为吉。不寿者乃八百岁。

西海（阝肴）中，有神，人面鸟身，珥两青蛇，践两赤蛇，名曰（上合下廾）兹。

大荒之中，有山名曰日月山，天枢也。吴（女巨）天门，日月所入。有神，人面无臂，两足反属于头山，名曰（口虚）。颛顼生老童，老童生重及黎，帝令重献上天，令黎邛下地。下地是生噎，处于西极，以行日月星辰之行次。

有人反臂，名曰天虞。

有女子方浴月。帝俊妻常羲，生月十有二，此始浴之。

行玄丹之山。有五色之鸟，人面有发。爰有青（上文下鸟）、黄（上敖下鸟）、青鸟、黄鸟，其所集者其国亡。

有池，名孟翼之攻颛顼之池。

大荒之中，有山名曰鏖鏊钜，日月所入者。

有兽，左右有首，名曰屏蓬。

有巫山者。有壑山者。有金门之山，有人名曰黄（女巨）之尸。有比翼之鸟。有白鸟，青翼，黄尾，玄喙。有赤犬，名曰天犬，其所下者有兵。

西海之南，流沙之滨，赤水之后，黑水之前，有大山，名曰昆仑之丘。有神，人面虎身，有文有尾，皆白，处之。其下有弱水之渊环之，其外有炎火之山，投物辄然。有人戴胜，虎齿，有豹尾，穴处，名曰西王母。此山万物尽有。

大荒之中，有山名曰常阳之山，日月所入。

有寒荒之国。有二人女祭、女口。

有寿麻之国。南岳娶州山女，名曰女虔。女虔生季格，季格生寿麻。寿麻正立无景，疾呼无响。爰有大暑，不可以往。

有人无首，操戈盾立，名曰夏耕之尸。故成汤伐夏桀于章山，克之，斩耕厥前。耕既立，无首，（足口换禾）厥咎，乃降于巫山。

有人名曰吴回，奇左，是无右臂。

有盖山之国。有树，赤皮枝干，青叶，名曰朱木。

有一臂民。

大荒之中，有山，名曰大荒之山，日月所入。有人焉三面，是颛顼之子，三面一臂，三面之人不死。是谓大荒之野。

西南海之外，赤水之南，流沙之西，有人珥两青蛇，乘两龙，名曰夏后开。开上三嫔于天，得《九辩》与《九歌》以下。此天穆之野，高二千仞，开焉得始歌《九招》。

有互人之国。炎帝之孙名曰灵恝生百互人，是能上下于天。

有鱼偏枯，名曰鱼妇。颛顼死即复苏。风道北来，天及大水泉，蛇乃化为鱼，是为鱼妇。颛顼死即复苏。

有青鸟，身黄，赤足，六首，名曰（鸟蜀）鸟。

有大巫山。有金之山。西南，大荒之中隅，有偏句、常羊之山。

大荒北经

东南海之外，大荒之中，河水之间，附禺之山，帝颛顼与九嫔葬焉。爰有（丘鸟）久、文贝、离俞、鸾鸟、皇鸟、大物、小物。有青鸟、琅鸟、玄鸟、黄鸟、虎、豹、熊、罴、黄蛇、视肉、（王千）瑰、瑶碧，皆出卫于山。丘方员三百里，丘南帝俊竹林在焉，大可为舟。竹南有赤泽水，名曰封渊。有三桑无枝。丘西有沈渊，颛顼所浴。

有胡不与之国，烈姓，黍食。

大荒之中，有山名曰不咸，有肃慎氏之国。蜚蛭，四翼。有虫，兽身蛇身，名曰琴虫。

有人名曰大人。有大人之国，厘姓，黍食。有大青蛇，黄头，食（上鹿下主）。

有榆山。有鯀攻程州之山。

大荒之中，有山名曰衡天。有先民之山。有（上般下木）木千里。

有叔（蜀欠）国，颛顼之子，黍食，使四鸟：虎、豹、熊、罴。有黑虫如熊状，名曰猎猎。

有北齐之国，姜姓，使虎、豹、熊、罴。

大荒之中，有山名曰先槛大逢之山，河济所入，海北注焉。其西有山，名曰禹所积石。

有阳山者。有顺山者，顺水出焉。有始州之国，有丹山。

有大泽方千里，群鸟所解。

有毛民之国，依姓，食黍，使四鸟。禹生均国，均国生役采，役采生修（革台），修（革台）杀绰人。帝念之，潜为之国，是此毛民。

有儋耳之国，任姓禺号子，食谷。北海之渚中，有神，人面鸟身，珥两青蛇，践两赤蛇，名曰禺强。

大荒之中，有山名曰北极天柜，海水北注焉。有神，九首人面鸟身，名曰九凤。又有神衔蛇衔操蛇，其状虎首人身，四蹄长肘，名曰强良。

大荒之中，有山名曰成都载天。有人珥两黄蛇，把两黄蛇，名曰夸父。后土生信，信生夸父。夸父不量力，欲追日景，逮之于禺谷。将饮河而不足也，将走大泽，未至，死于此。应龙已杀（蚩去口）尤，又杀夸父，乃去南方处之，故南方多雨。

又有无肠国，是任姓。无继子，食鱼。

共工臣名曰相繇，九首蛇身，自环，食于九土。其所（鸟欠）所尼，即为源泽，不辛乃苦，百兽莫能处。禹湮洪水，杀相繇，其血腥臭，不可生谷；其地多水，不可居也。禹湮之，三仞三沮，乃以为池，群帝因是以为台。在昆仑之北。

有岳之山。寻竹生焉。

大荒之中，有名山曰不句，海水入焉。

有系昆之山者，有共工之台，射者不敢北射。有人衣青衣，名曰黄帝女魃。（蚩去口）尤作兵伐黄帝，黄帝乃令应龙攻之冀州之野。应龙畜水。（蚩去口）尤请风伯雨师，纵大风雨。黄帝乃下天女曰魃，雨止，遂杀（蚩去口）尤。魃不得复上，所居不雨。叔均言之帝，后置之赤水之北。叔均乃为田祖。魃时亡之，所欲逐之者，令曰："神北行！"先除水道，决通沟渎。

有人方食鱼，名曰深目民之国，盼姓，食鱼。

有钟山者。有女子衣青衣，名曰赤水女子献。

大荒之中。有山名曰融父山，顺水入焉。有人名曰犬戎。黄帝生苗龙，苗龙，苗龙生融吾，融吾生弄明，弄明生白犬，白犬有牝牡，是为犬戎，肉食。有赤兽，马状无首，名曰戎宣王尸。

有山名曰齐州之山、君山、（上两先下鬲）山、鲜野山、鱼山。

有人一目，当面中生。一曰是威姓，少昊之子，食黍。

有继无民，继无民任姓，无骨子，食气、鱼。

西北海外，流沙之东，有国曰中（车扁），颛顼之子。

有国名曰赖丘。有犬戎国。有神，人面兽身，名曰犬戎。

西北海外，黑水之北，有人有翼，名曰苗民。颛顼生（灌氵换马）头，（灌氵换马）头生苗民，苗民厘姓，食肉。有山名曰章山。

大荒之中，有衡石山、九阴山、洞野之山，上有赤树，青叶赤华，名曰若木。

有牛黎之国。有人无骨，儋耳之子。

西北海之外，赤水之北，有章尾山。有神，人面蛇身而赤，直目正乘，其瞑乃晦，其视乃明，不食不寝不息，风雨是谒。是烛九阴，是烛龙。

海内经

东海之内,北海之隅,有国名曰朝鲜;天毒,其人水居,偎人爱之。

西海之内,流沙之中,有国名曰壑市。

西海之内,流沙之西,有国名曰泛叶。

流沙之西,有鸟山者,三水出焉。爰有黄金、(王千)瑰、丹货、银铁,皆流于此中。又有淮山,好水出焉。

流沙之东,黑水之西,有朝云之国、司彘之国。黄帝妻雷祖,生昌意。昌意降处若水,生韩流。韩流擢首、谨耳、人面、豕喙、麟身、渠股、豚止,取淖子曰阿女,生帝颛顼。

流沙之东,黑水之间,有山名曰有死之山。

华山青水之东,有山名曰肇山。有人名曰柏高,柏高上下于此,至于天。

西南黑水之间,有都广之野,后稷葬焉。爰有膏菽、膏稻、膏黍、膏稷,百谷自生,冬夏播琴。鸾鸟自歌,凤鸟自儛,灵寿实华,草木所聚。爰有百兽,相群爰处。此草也,冬夏不死。

南海之外,黑水青水之间,有木名曰叵木,若水出焉。

有禺中之国。有列襄之国。有灵山,有赤蛇在木上,名曰(左虫右上而右下大)蛇,木食。

有盐长之国。有人焉鸟首,名曰鸟氏。

有九丘,以水络之:名曰陶唐之丘、有叔得之丘、孟盈之丘、昆吾之丘、黑白之丘、赤望之丘、参卫之丘、武夫之丘、神民之丘。有木，青叶紫茎，玄华黄实，百仞无枝，有九（木属），下有九枸，其实如麻，其叶如芒。大（白皋）爰过，黄帝所为。

有（上穴下契）窫，龙首，是食人。有青兽，人面，名是曰猩猩。

西南有巴国。大（白皋）生咸鸟，咸鸟生乘厘，乘厘生后照，后照是始为巴人。

有国名曰流黄辛氏，其域中方三百里，其出是尘土。有巴遂山，渑水出焉。

又有朱卷之国。有黑蛇，青首，食象。

南方有赣巨人，人面长臂，黑身有毛，反踵，见人笑亦笑，唇蔽其面，因即逃也。

又有黑人，虎首鸟足，两手持蛇，方（馅饣换口）之。

有嬴民，鸟足，有封豕。

有人曰苗民。有神焉，人首蛇身，长如辕，左右有首，衣紫衣，冠旃冠，名曰延维，人主得而飨食之，伯天下。

有鸾鸟自歌，凤鸟自舞。凤鸟首文曰德，翼文曰顺，膺文曰仁，背文曰义，见则天下和。

又有青兽如菟，名曰（上山下困）狗，有桂山。有翠鸟。有孔鸟。

南海之内，有衡山，有菌山，有桂山。有山名三天子之都。

南方苍梧之丘，苍梧之渊，其中有九嶷山，舜之所葬，在长沙零陵界中。

北海之内，有蛇山者，蛇水出焉，东入于海。有五采之鸟，飞蔽一乡，名曰翳鸟。又有不距之山，巧（亻垂）葬其西。

北海之内，有反缚盗械、带戈常倍之佐，各曰相顾之尸。

伯夷父生西岳，西岳生先龙，先龙是始生氐羌，氐羌乞姓。

北海之内，有山，名曰幽都之山，黑水出焉。其上有玄鸟、玄蛇、玄狐蓬尾。有大玄之山。有玄丘之民。有大幽之国。有赤胫之民。

有钉灵之国，其民从（漆左氵换右阝）以下有毛，马蹄善走。

炎帝之孙伯陵，伯陵同吴权之妻阿女缘妇，缘妇孕三年，是生鼓、延、殳。始为侯，鼓、延是始为钟，为乐风。

黄帝生骆明，骆明生白马，白马是为鲧。

帝俊生禺号，禺号生淫梁，淫梁生番禺，是始为舟。番禺生奚仲，奚仲生吉光，吉光是始以木为车。

少（白皋）生般，般是始为弓矢。

帝俊赐羿彤弓素（矢曾），以扶下国，羿是始去恤下地之百艰。

帝俊生晏龙，晏龙是为琴瑟。

帝俊有子八人，三身生义均，义均是始为巧（亻垂），是始作下民百巧。后稷是播百谷。稷之孙曰叔均，是始作牛耕。大比赤阴，是始为国。禹、鲧是始布土，定九州。

炎帝之妻，赤水之子听（讠夭）生炎居，炎居生节并，节并生戏器，戏器生祝融。祝融降处于江水，生共工。共工生术器，术器首方颠，是复土穰，以处江水。共工生后土，后土生噎鸣，噎鸣生岁十有二。

洪水滔天。鲧窃帝之息壤以堙洪水，不待帝命。帝命祝融杀鲧于羽郊。鲧复生禹。帝乃命禹卒布土以定九州。

www.ingramcontent.com/pod-product-compliance
Lightning Source LLC
Chambersburg PA
CBHW070627050426
42450CB00011B/3140